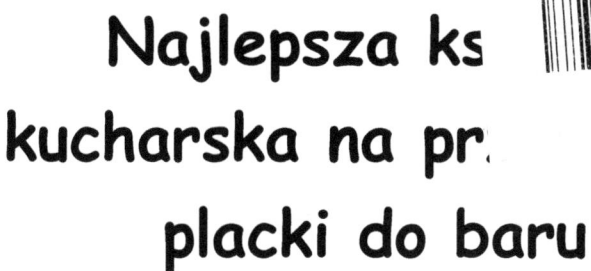

Najlepsza książka kucharska na przegryzki i placki do baru

100 PIKANTNYCH I SŁODKICH PRZEPISÓW NA KAŻDE SPOTKANIE

Tola Nowicka

© Prawa autorskie 2024
- Wszelkie prawa zastrzeżone.

Poniższa książka jest reprodukowana poniżej w celu dostarczenia informacji, które są tak dokładne i wiarygodne, jak to możliwe. Niezależnie od tego, zakup tej książki można uznać za zgodę na fakt, że zarówno wydawca, jak i autor tej książki nie są w żaden sposób ekspertami w tematach omawianych w niej, a wszelkie zalecenia lub sugestie, które są tutaj przedstawione, mają wyłącznie charakter rozrywkowy. Przed podjęciem jakichkolwiek działań tutaj zatwierdzonych należy skonsultować się z profesjonalistami.

Niniejsza deklaracja uznana jest za uczciwą i ważną zarówno przez American Bar Association, jak i Committee of Publishers Association i jest prawnie wiążąca na terenie całych Stanów Zjednoczonych.

Ponadto, transmisja, powielanie lub reprodukcja któregokolwiek z następujących dzieł, w tym określonych informacji, będzie uważana za czyn niezgodny z prawem, niezależnie od tego, czy jest wykonywana elektronicznie, czy drukowana. Dotyczy to również tworzenia kopii wtórnej lub trzeciorzędnej dzieła lub kopii nagranej i jest dozwolone wyłącznie za wyraźną pisemną zgodą Wydawcy. Wszelkie dodatkowe prawa zastrzeżone.

Informacje na kolejnych stronach są powszechnie uważane za prawdziwe i dokładne sprawozdanie z faktów i jako takie, wszelkie nieuwagi, użycie lub niewłaściwe użycie informacji w kwestii przez czytelnika spowoduje, że wszelkie wynikające z tego działania będą wyłącznie w ich gestii. Nie ma żadnych scenariuszy, w których wydawca lub oryginalny autor tej pracy mogą być w jakikolwiek sposób uznani za odpowiedzialnych za jakiekolwiek trudności lub szkody, które mogą ich spotkać po podjęciu informacji opisanych w niniejszym dokumencie.

Ponadto informacje na kolejnych stronach mają charakter wyłącznie informacyjny i dlatego należy je uważać za uniwersalne. Zgodnie ze swoją naturą, są one przedstawiane bez zapewnienia o ich przedłużonej ważności lub tymczasowej jakości. Znaki towarowe, o których mowa, są umieszczane bez pisemnej zgody i w żaden sposób nie mogą być uważane za poparcie ze strony właściciela znaku towarowego.

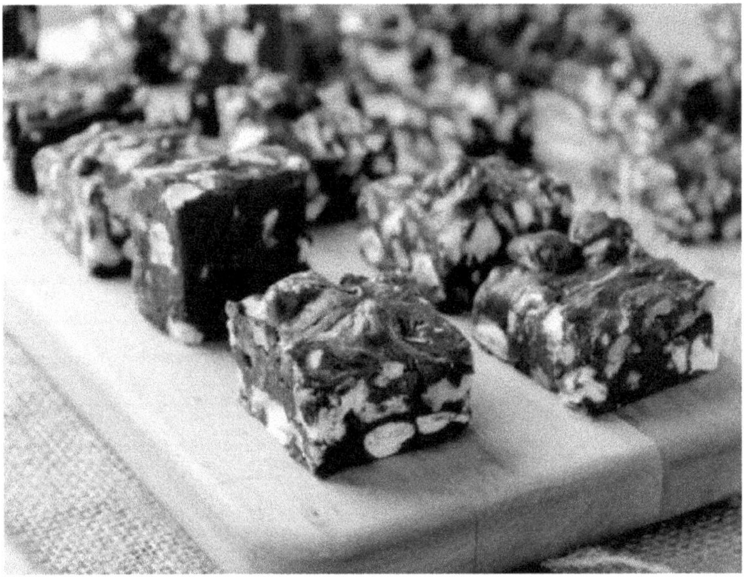

Podsumowanie

WSTĘP..8

Brownies i krem czekoladowy..9
a) Brownies z czekoladą i orzechami laskowymi.......................9
b) Brownies czekoladowe..12
c) Ciasteczka czekoladowe Rocky Road Brownies....................14
d) Arachid i galaretka Fudge...16
e) Fudge migdałowy bez pieczenia..18
f) Batony proteinowe Red Velvet Fudge..................................20
g) Przekąski z fudge'a...22
a) Brownies z mrożonym mlekiem i kawą................................24
b) Blondies z masłem pekanowym i nasionami chia.................26
c) Brownies z jabłkami..29
d) Brownies z korą miętową..30
e) Batony z masłem orzechowym i kremem czekoladowym Keto....32
f) Ulubione Brownies z Cukinii..35
g) Brownies z czekoladą słodową..37
h) Niemieckie Brownies Czekoladowe.....................................39
16. Krem Matcha z zieloną herbatą...41
17. Piernikowe Brownies...43
18. Brownies z miodem i czekoladą..45
19. Brownies miętowe...47
20. Brownies z orzechami pekan...49
21. Brownies miętowe z sosem toffi.......................................51
22. Brownies z czekoladą i gałką muszkatołową.....................55
23. Brownie z masłem orzechowym.......................................58
24. Brownies z dyni..60

KORA, PRECLEKI I NUGATYNKI..62

25. Kora Buddy z mięty pieprzowej..63

26. Czekoladowa kora z kandyzowanymi orzechami pekan....................66
a) Blondies z masłem pekanowym i nasionami chia.......................68
28. Suszone mango zanurzone w czekoladzie..................................71
29. Paluszki precelkowe z białą czekoladą.....................................73
30. Nugat zanurzony w czekoladzie...75

TRUFLE I KULKI DESEROWE..77

31. Kulki z masłem orzechowym..78
32. Trufle z chili ancho...80
33. Trufle czekoladowe..82
34. Wiśnie w czekoladzie...84
35. Neapolitański fudge...86
36. Kuleczki brokułowe z serem..88
37. Wiśnie zanurzone w czekoladzie..90
38. Miętowe kotleciki..92
39. Kulki kokosowo-piankowe..94
40. Kulki z masłem orzechowym..96
41. Kule śnieżne..98

DESEROWE BOMBY TŁUSZCZOWE...100

Neapolitańskie bomby tłuszczowe..101
Popsiki z klonem i boczkiem...103
a) Bomby tłuszczowe z kokosem i pomarańczą...........................106
a) Bomby jalapeno...108
1. Bomby tłuszczowe z pizzy...110
2. Bomby tłuszczowe z masłem orzechowym..............................112
Batony tłuszczowe z orzechami pekan i klonem.........................114
Serowe bomby z bekonem..117
Karmelowy bekon Fat Pop..120
3. Batony z solonym karmelem i orzechami nerkowca................123
4. Karmelki pistacjowe..126
5. Kwadraty limonki..128

6. Białe czekoladowe kąski granoli..130
7. Kwadraty toffi z kandyzowanym bekonem...................................132
8. Batony Dream z karmelem i orzechami włoskimi.........................135
9. Przewlekłe batony pekanowe...137
16. Kwadraty z masłem migdałowym i chia.....................................139
16. Nuggetsy z nasion chia..142
18. Batony orzechowo-białkowe z czekoladą..................................145
19. Niemieckie batony proteinowe z czekoladą..............................147
20. Batony proteinowe Blueberry Bliss...149
21. Batony proteinowe z masłem orzechowym i kawałkami czekolady.151
22. Batony proteinowe z surowych nasion dyni i konopi.................153
23. Batony proteinowe z imbirem i wanilią......................................155
24. Batony z masłem orzechowym i preclami.................................157
25. Batony proteinowe z żurawiną i migdałami...............................159
26. Batony z potrójną czekoladą i białkiem.....................................161
27. Batony z malinami i czekoladą..164
28. Batony z ciasta orzechowego i masła orzechowego..................165
29. Batony proteinowe musli...167
30. Batony proteinowe z ciasta marchewkowego...........................169
31. Batony z pomarańczą i jagodami goji.......................................172
32. Baton proteinowy truskawkowy...174
33. Batony proteinowe o smaku mokki..176
34. Batony proteinowe z bananem i czekoladą...............................178
35. Niebiańskie surowe batony...180
36. Batony Monster...182
37. Batony z kruszonką jagodową...184
38. Batony Gumdrop...186
39. Batony z solonymi orzechami..188
40. Batony wiśniowe Black Forest...190
41. Batony popcornowe z żurawiną...190
42. Cześć Dolly Bars...193
43. Batony z kremem irlandzkim...195
44. Batony bananowe...197
45. Batony sernikowe z dyni...199

46. Batony Granola..201
47. Owsianka dyniowa AnytimeSquares...........................203
48. Batony dyniowe Red Velvet......................................206
49. Batony śnieżno-cytrynowe..208
50. Łatwe batony toffi..210
51. Batonik wiśniowo-migdałowy...................................212
52. Batony Caramel Crunch..214
53. Batony popcornu gotowane dwa razy.........................217
54. Batony z ciasteczkami bez pieczenia..........................219
55. Batony Migdałowo-Cytrynowe..................................221
56. Tabliczka czekolady...225
57. Batony owsiane...227
58. Batony z orzechami pekan.......................................229

WNIOSEK..232

WSTĘP

Czym jest brownie? Brownie to kwadratowy lub prostokątny czekoladowy wypiekany deser. Brownie występują w różnych formach i mogą być albo ciągnące się, albo ciastowate, w zależności od ich gęstości. Mogą zawierać orzechy, lukier, serek śmietankowy, kawałki czekolady lub inne składniki.

Czym są bomby tłuszczowe? Bomby tłuszczowe to słodkie przysmaki o niskiej zawartości węglowodanów i bez cukru, zazwyczaj robione z oleju kokosowego, masła kokosowego, serka śmietankowego, awokado i/lub masła orzechowego. Praktycznie wszystko o wysokiej zawartości tłuszczu, bez cukru i niskiej zawartości węglowodanów może stać się bombą tłuszczową.

Czym są kulki deserowe? Zasadniczo jest to bogaty słodki wyrób cukierniczy z cukru, często aromatyzowany lub łączony z owocami lub orzechami. Co może być lepszego niż dekadencki deser? Taki, który ma kształt kuli!

Od teraz pieczenie od podstaw partii brownie, bomb tłuszczowych czy deserów będzie tak proste, jak sięgnięcie po gotowe produkty, dzięki tym przepisom.

Zanurzmy się!

Brownies i krem czekoladowy
a) Brownies z czekoladą i orzechami laskowymi

Składniki:
- 1 szklanka niesłodzonego kakao w proszku
- 1 szklanka mąki uniwersalnej
- 1 łyżeczka sody oczyszczonej
- ¼ łyżeczki soli
- 2 łyżki masła niesolonego
- 8 łyżek masła
- 1½ szklanki ciemnobrązowego cukru, mocno ubitego
- 4 duże jajka
- 2 łyżeczki ekstraktu waniliowego
- ½ szklanki mlecznych kawałków czekolady
- ½ szklanki półsłodkich kawałków czekolady
- ½ szklanki prażonych orzechów laskowych, posiekanych

a) Rozgrzej piekarnik do 340°F (171°C). Lekko posmaruj nieprzywierającą patelnię do pieczenia o wymiarach 9×13 cali (23×33 cm) sprayem do pieczenia i odstaw. W średniej misce wymieszaj niesłodzone kakao w proszku, mąkę uniwersalną, sodę oczyszczoną i sól. Odstaw.

b) W kąpieli wodnej na małym ogniu rozpuść niesolone masło i masło. Po rozpuszczeniu zdejmij z ognia i wmieszaj ciemnobrązowy cukier. Wlej mieszankę masła i cukru do mieszanki mąki i wymieszaj, aby się połączyły.

c) W dużej misce ubij jajka i ekstrakt waniliowy mikserem elektrycznym na średniej prędkości przez 1 minutę. Powoli dodaj mieszankę masła i mąki i mieszaj przez kolejną minutę, aż do połączenia. Dodaj chipsy z mlecznej czekolady, chipsy z półsłodkiej czekolady i orzechy laskowe i ubijaj przez kilka sekund, aby szybko się rozprowadziły.

d) Przenieś mieszankę do przygotowanej formy i piecz przez 23 do 25 minut lub do momentu, aż wierzch będzie wyglądał na ciemny i suchy. Całkowicie ostudź w formie przed pokrojeniem na 24 kawałki i przeniesieniem na talerz.

e) Przechowywanie: Przechowywać szczelnie owinięte w folię spożywczą w lodówce przez 4 do 5 dni lub w zamrażarce przez 4 do 5 miesięcy.

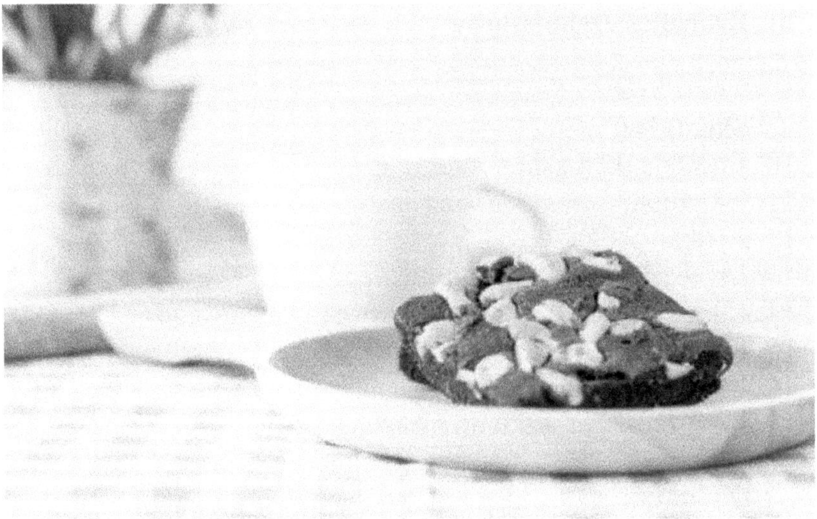

b) Brownies czekoladowe

Składniki:
10. 1/4 szklanki masła
11. 1/4 szklanki zwykłego masła
12. 2 jajka
13. 1 łyżeczka ekstraktu waniliowego
14. 1/3 szklanki niesłodzonego proszku kakaowego
15. 1/2 szklanki mąki uniwersalnej
16. 1/4 łyżeczki soli
17. 1/4 łyżeczki proszku do pieczenia

Do lukru:
- 3 łyżki masła, miękkiego
- 1 łyżeczka masła, miękkiego
- 1 łyżeczka miodu
- 1 łyżeczka ekstraktu waniliowego
- 1 szklanka cukru cukierniczego

Wskazówki:
- Rozgrzej piekarnik do temperatury 330 stopni Fahrenheita.
- Nasmaruj tłuszczem i posyp mąką kwadratową formę o wymiarach 8 cali na 20 cm.
- W dużym rondlu, na bardzo małym ogniu, rozpuść 1/4 szklanki masła i 1/4 szklanki masła.
- Zdejmij z ognia i wymieszaj z cukrem, jajkami i 1 łyżeczką wanilii. Ubij z 1/3 szklanki kakao, 1/2 szklanki mąki, solą i proszkiem do pieczenia. Rozłóż ciasto na przygotowanej patelni.
- Piec w nagrzanym piekarniku przez 25 do 30 minut. Nie przesadź.

Do lukru:

Wymieszaj 3 łyżki rozmiękczonego masła i 1 łyżeczkę masła; dodaj łyżki kakao, miód, 1 łyżeczkę ekstraktu waniliowego i 1 szklankę cukru pudru. Mieszaj do uzyskania gładkiej konsystencji.

c) Ciasteczka czekoladowe Rocky Road Brownies

Wydajność: 12 ciasteczek

Składniki:
- 1/2 szklanki masła z dodatkiem konopi
- 1/8 szklanki masła
- 2 uncje niesłodzonej czekolady
- 4 uncje gorzkiej lub półsłodkiej czekolady
- 3/4 szklanki mąki uniwersalnej
- 1/2 łyżeczki soli
- 1 szklanka cukru granulowanego
- 2 duże jajka
- 1 łyżeczka ekstraktu waniliowego
- 3/4 szklanki prażonych płatków migdałowych
- 1 szklanka miniaturowych pianek

Wskazówki:
1. Rozgrzej piekarnik do 350 stopni Fahrenheita. Wyłóż kwadratową blachę do pieczenia o wymiarach 8 cali folią aluminiową i posmaruj ją masłem lub tłuszczem roślinnym.
2. Rozpuść masło konopne, masło i czekoladę na małym ogniu w średnio-wysokim rondlu, często mieszając. Odstaw do ostygnięcia na 5 minut.
3. Wymieszaj mąkę z solą; odstaw.
4. Wymieszaj cukier z roztopionym masłem konopnym, aż wszystkie składniki dobrze się połączą.
5. Dodaj jajka i wanilię i mieszaj, aż składniki dobrze się połączą.
6. Dodaj mąkę i sól, mieszając, aż składniki się połączą.
7. Odłóż pół szklanki ciasta na brownie i resztę rozsmaruj na przygotowanej blasze.
8. Piecz ciasto na patelni przez około 20 minut. Podczas pieczenia przygotuj polewę, mieszając odłożone ciasto z prażonymi migdałami i piankami.
9. Po 20 minutach pieczenia ciasta w foremce wyjmij je z piekarnika.
10. Rozłóż polewę na upieczonych brownie i wstaw z powrotem do piekarnika. Piecz przez około 10 minut lub do momentu, aż

pianki się zrumienią, a wykałaczka włożona do środka wysunie się z kilkoma wilgotnymi okruchami. Pozostaw do ostygnięcia w blasze, zanim użyjesz folii, aby wyjąć brownie i pokroić.

d) Arachid i galaretka Fudge

Składniki:
- Syrop klonowy, ¾ szklanki
- Ekstrakt waniliowy, 1 łyżeczka
- Orzeszki ziemne, 1/3 szklanki, posiekane
- Masło orzechowe, ¾ szklanki
- Suszone wiśnie, 1/3 szklanki, pokrojone w kostkę
- Proszek proteinowy czekoladowy, ½ szklanki

Metoda:
- Posiekaj orzeszki ziemne i wiśnie, odłóż na bok.
- Podgrzej syrop klonowy na małym ogniu, a następnie wlej do miski z masłem orzechowym. Mieszaj, aż do uzyskania gładkiej konsystencji.
- Dodaj wanilię i proszek proteinowy i dobrze wymieszaj, aż się połączą.
- Teraz dodaj orzeszki ziemne i wiśnie i wymieszaj delikatnie, ale szybko.
- Przełóż ciasto do przygotowanej formy i zamroź, aż stężeje.
- Po stężeniu pokrój na batony i delektuj się.

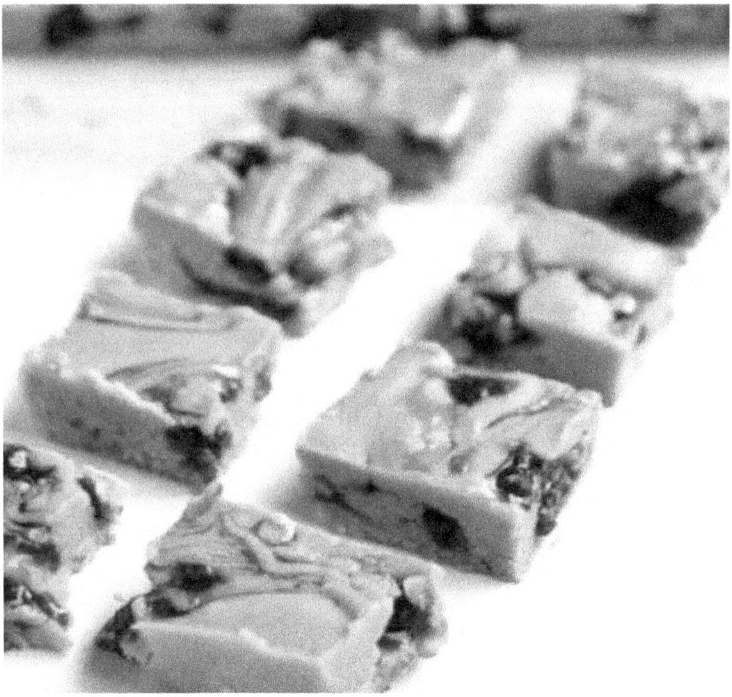

e) Fudge migdałowy bez pieczenia

Składniki:
- Płatki owsiane, 1 szklanka, zmielone na mąkę
- Miód, ½ szklanki
- Płatki owsiane błyskawiczne, ½ szklanki
- Masło migdałowe, ½ szklanki
- Ekstrakt waniliowy, 1 łyżeczka
- Proszek proteinowy waniliowy, ½ szklanki
- Czekoladowe chipsy, 3 łyżki Chrupiące płatki ryżowe, ½ szklanki

Metoda:
- Spryskaj formę do pieczenia sprayem do pieczenia i odstaw. Wymieszaj płatki ryżowe z mąką owsianą i błyskawicznymi płatkami owsianymi. Odstaw.
- Rozpuść masło migdałowe z miodem w rondlu, dodaj wanilię.
- Przełóż mieszankę do miski ze składnikami suchymi i dobrze wymieszaj.
- Przełóż do przygotowanej formy i wyrównaj szpatułką.
- Odstawić do lodówki na 30 minut lub do momentu stężenia.
- W międzyczasie rozpuść czekoladę.
- Wyjmij mieszankę z patelni i polej ją roztopioną czekoladą. Schłodź ponownie w lodówce, aż czekolada stężeje, a następnie pokrój na batony o pożądanej wielkości.

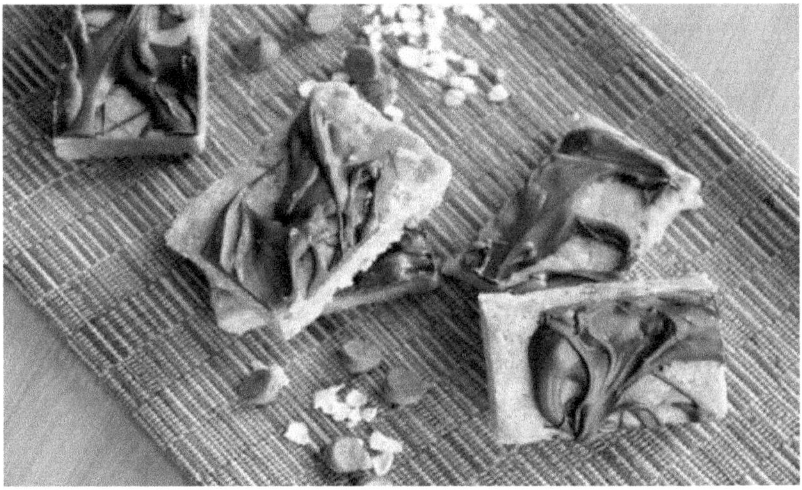

f) Batony proteinowe Red Velvet Fudge

Składniki:

a) Puree z pieczonych buraków, 185 g
b) Pasta z ziaren wanilii, 1 łyżeczka
c) Mleko sojowe niesłodzone, ½ szklanki
d) Masło orzechowe, 128 g
e) Różowa sól himalajska, 1/8 łyżeczki
f) Ekstrakt (masło), 2 łyżeczki
g) Surowa stewia, ¾ szklanki
h) Mąka owsiana 80 g
i) Proszek białkowy, 210 g

Metoda:

a) Rozpuść masło w rondlu i dodaj mąkę owsianą, proszek proteinowy, puree z buraków, wanilię, ekstrakt, sól i stewię. Mieszaj, aż się połączą.
b) Następnie dodaj mleko sojowe i mieszaj, aż składniki dobrze się połączą.
c) Przełóż mieszankę do naczynia i odstaw do lodówki na 25 minut.
d) Gdy mieszanka będzie już spójna, pokrój ją na 6 batoników i zajadaj.

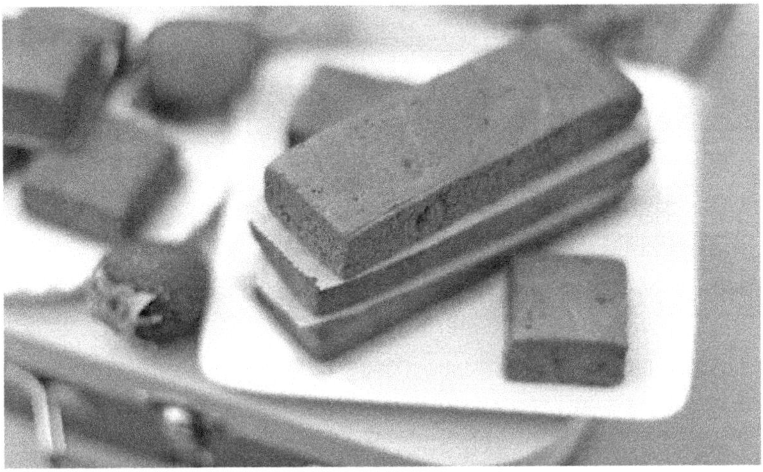

g) Przekąski z fudge'a

Porcje: 6-8

Składniki:

- 1/2 szklanki masła
- 1/2 szklanki masła migdałowego
- 1/8 do 1/4 szklanki miodu
- 1/2 rozgniecionego banana
- 1 łyżeczka ekstraktu waniliowego
- dowolny rodzaj masła orzechowego
- 1/8 szklanki suszonych owoców
- 1/8 szklanki chipsów czekoladowych

Wskazówki:

a) W blenderze lub malakserze dodaj wszystkie składniki. Miksuj przez kilka minut, aż do uzyskania gładkiej konsystencji. 2. Wlej ciasto do keksówki wyłożonej papierem do pieczenia.
b) W przypadku większych kawałków użyj mini foremki do chleba lub podwój przepis. Schłodź lub zamroź, aż ciasto stwardnieje. Pokrój na 8 równych kwadratów.

c)

a) Brownies z mrożonym mlekiem i kawą

- 1 szklanka cukru
- 1/2 szklanki masła, zmiękczonego
- 1/3 szklanki kakao do pieczenia
- 1 łyżeczka kawy rozpuszczalnej w granulkach
- 2 jajka, ubite
- 1 łyżeczka ekstraktu waniliowego
- 2/3 szklanki mąki uniwersalnej
- 1/2 łyżeczki proszku do pieczenia
- 1/4 łyżeczki soli
- 1/2 szklanki posiekanych orzechów włoskich

- Wymieszaj cukier, masło, kakao i granulki kawy w rondlu. Gotuj i mieszaj na średnim ogniu, aż masło się rozpuści. Zdejmij z ognia; ostudź przez 5 minut. Dodaj jajka i wanilię; mieszaj, aż się połączą.
- Wymieszaj mąkę, proszek do pieczenia i sól; wmieszaj orzechy. Rozłóż ciasto w natłuszczonej blasze do pieczenia o wymiarach 9"x9". Piecz w temperaturze 350 stopni przez 25 minut lub do momentu stężenia.
- Ostudzić w formie na drucianej kratce. Rozsmarować Mocha Frosting na schłodzonych brownie; pokroić na batony. Wystarczy na tuzin.

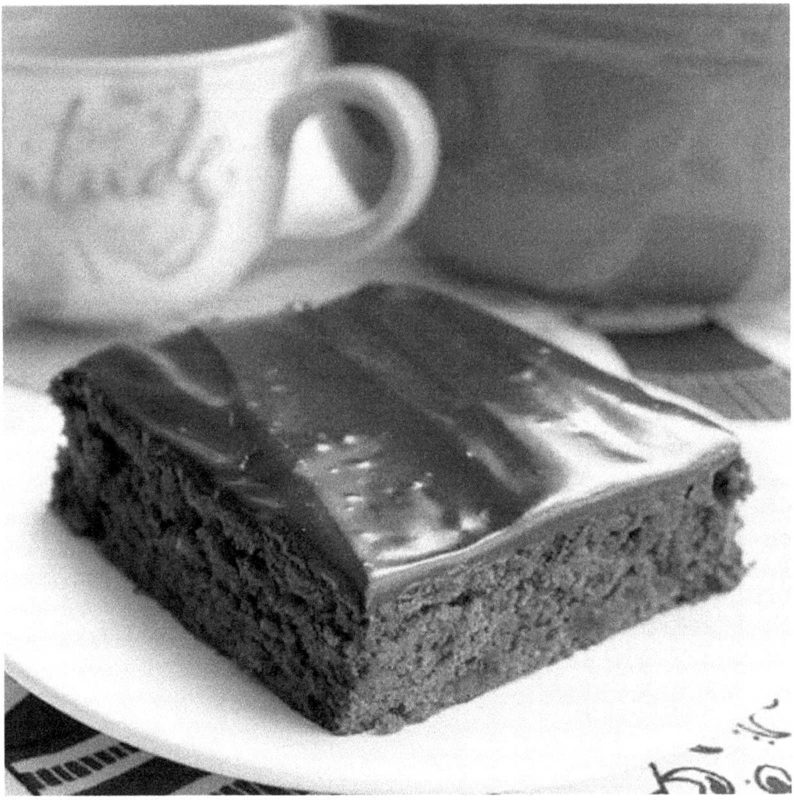

b) Blondies z masłem pekanowym i nasionami chia

SKŁADNIKI
- 2 1/4 szklanki orzechów pekan, prażonych
- 1/2 szklanki nasion chia
- 1/4 szklanki roztopionego masła
- 1/4 szklanki erytrytolu w proszku
- łyżka stołowa SF Torani Solone

Karmel
a) Krople płynnej stewii
b) duże jajka
c) 1 łyżeczka proszku do pieczenia
d) 3 łyżki śmietanki kremówki
e) 1 szczypta soli

INSTRUKCJE
- Rozgrzej piekarnik do 350F. Odmierz 2 1/4 szklanki orzechów pekan
- Zmiel 1/2 szklanki nasion chia w młynku do przypraw, aż powstanie z nich mąka.
- Wyjmij mączkę chia i włóż do miski. Następnie zmiel 1/4 szklanki erytrytolu w młynku do przypraw, aż powstanie proszek. Umieść w tej samej misce, co mączka chia.
- Umieść 2/3 uprażonych orzechów pekan w malakserze.
- Miksuj orzechy, w razie potrzeby skrobiąc je ze ścianek na dół, aż powstanie gładkie masło orzechowe.
- Dodaj 3 duże jajka, 10 kropli płynnej stewii, 3 łyżki SF Salted Caramel Torani Syrup i szczyptę soli do mieszanki chia. Dobrze wymieszaj.
- Dodaj masło orzechowe do ciasta i ponownie wymieszaj.
- Resztę uprażonych orzechów pekan rozdrobnij wałkiem w plastikowej torbie.

- Dodaj pokruszone orzechy pekan i 1/4 szklanki roztopionego masła do ciasta.
- Dobrze wymieszaj ciasto, a następnie dodaj 3 łyżki śmietany kremówki i 1 łyżeczkę proszku do pieczenia. Wszystko dobrze wymieszaj.
- Odmierz ciasto i wyłóż je na blachę o wymiarach 9×9 cali i wyrównaj.
- Piec przez 20 minut lub do uzyskania odpowiedniej konsystencji.
- Pozostaw do ostygnięcia na około 10 minut. Odetnij brzegi brownie, aby uzyskać jednolity kwadrat. To jest to, co nazywam „piekarniczym przysmakiem" – tak, zgadłeś!
- Podjadaj te złe chłopaki, podczas gdy przygotowujesz je do podania innym. Tak zwana „najlepsza część" brownie to brzegi, dlatego zasługujesz na to, żeby mieć wszystko.
- Podaj i zjedz do syta (a raczej do woli)!

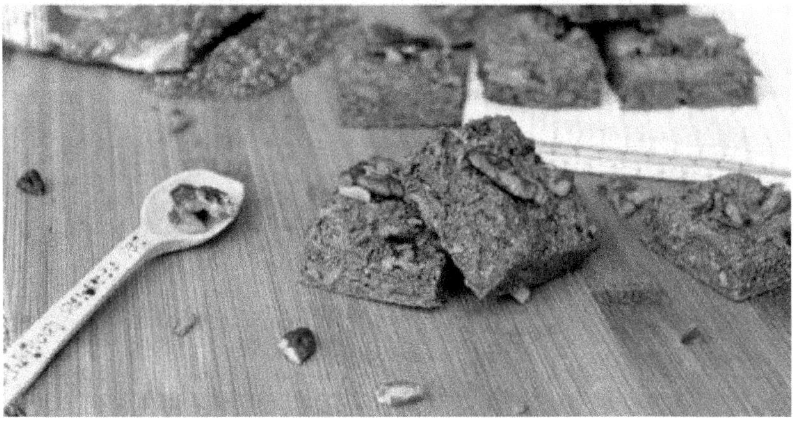

c) Brownies z jabłkami

a) 1/2 szklanki masła, zmiękczonego
b) 1 szklanka cukru
c) 1 łyżeczka ekstraktu waniliowego
d) 1 jajko, ubite
e) 1-1/2 szklanki mąki uniwersalnej
f) 1/2 łyżeczki sody oczyszczonej

- Rozgrzej piekarnik do 350 stopni F (175 stopni C). Nasmaruj tłuszczem naczynie do pieczenia o wymiarach 9x9 cali.
- W dużej misce ubij roztopione masło, cukier i jajko, aż masa będzie puszysta. Dodaj jabłka i orzechy. W osobnej misce przesiej mąkę, sól, proszek do pieczenia, sodę oczyszczoną i cynamon.
- Wymieszaj mieszankę mąki z mokrą mieszanką, aż się połączą. Rozłóż ciasto równomiernie w przygotowanym naczyniu do pieczenia.
- Piec przez 35 minut w nagrzanym piekarniku lub do momentu, aż wykałaczka włożona w środek ciasta będzie czysta.

d) Brownies z korą miętową

- Opakowanie 20 uncji mieszanki do brownie z fudge
- 12-uncjowe opakowanie białych chipsów czekoladowych
- 2 łyżeczki margaryny
- 1-1/2 szklanki lasek cukrowych, pokruszonych

1. Przygotuj i upiecz mieszankę brownie zgodnie z instrukcją na opakowaniu, używając natłuszczonej formy do pieczenia o wymiarach 13"x9". Po upieczeniu całkowicie ostudź w formie.
2. W rondlu na bardzo małym ogniu rozpuść chipsy czekoladowe i margarynę, stale mieszając gumową szpatułką. Rozprowadź mieszankę na brownie; posyp pokruszonymi cukierkami.
3. Odstawić na około 30 minut przed pokrojeniem w kwadraty. Wychodzi 2 tuziny.

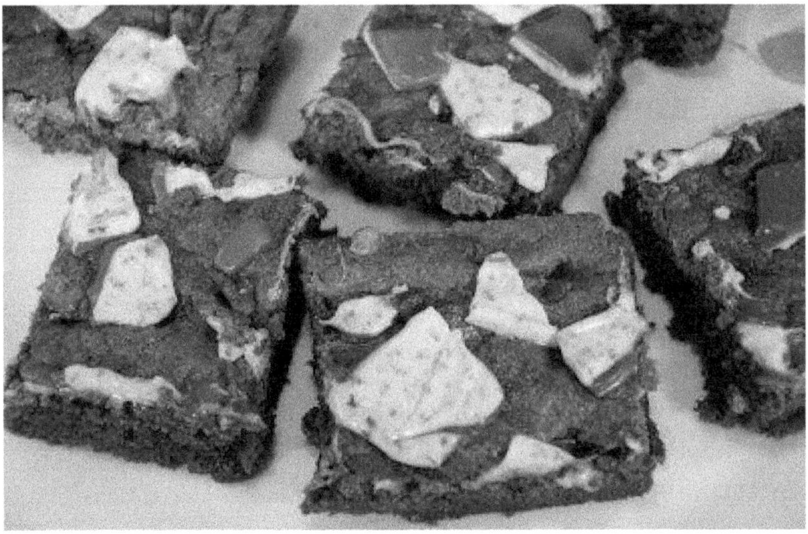

e) Batony z masłem orzechowym i kremem czekoladowym Keto

SKŁADNIKI

Skorupa
a) 1 szklanka mąki migdałowej
b) 1/4 szklanki roztopionego masła
c) 1/2 łyżeczki cynamonu
d) 1 łyżka erytrytolu
e) Szczypta soli

Fudge
a) 1/4 szklanki śmietanki kremówki
b) 1/4 szklanki roztopionego masła
c) 1/2 szklanki masła orzechowego
d) 1/4 szklanki erytrytolu
e) 1/2 łyżeczki ekstraktu waniliowego
f) 1/8 łyżeczki gumy ksantanowej

Dodatki
g) 1/3 szklanki posiekanej czekolady Lily

INSTRUKCJE

- Rozgrzej piekarnik do 400°F. Rozpuść 1/2 szklanki masła. Połowa będzie na spód, a połowa na fudge. Wymieszaj mąkę migdałową i połowę roztopionego masła.
- Dodaj erytrytol i cynamon, a następnie wymieszaj. Jeśli używasz niesolonego masła, dodaj szczyptę soli, aby wydobyć więcej smaków.
- Mieszaj, aż masa będzie jednolita i wciśnij ją na dno naczynia do pieczenia wyłożonego papierem pergaminowym. Piecz spód przez 10 minut lub do momentu, aż brzegi będą złocistobrązowe. Wyjmij i pozostaw do ostygnięcia.
- Do nadzienia wymieszaj wszystkie składniki fudge w małym blenderze lub robocie kuchennym i zmiksuj. Możesz również użyć miksera ręcznego i miski.
- Pamiętaj o dokładnym zeskrobaniu boków miski i dokładnym wymieszaniu wszystkich składników.
- Po ostygnięciu spodu delikatnie rozprowadź warstwę fudge aż do brzegów formy do pieczenia. Użyj szpatułki, aby wyrównać wierzch najlepiej jak potrafisz.
- Tuż przed schłodzeniem posyp batony posiekaną czekoladą. Może to być bezcukrowa czekolada, bezcukrowa gorzka czekolada lub po prostu dobra stara gorzka czekolada. Ja użyłam słodzonej czekolady Lily's Stevia.
- Włóż do lodówki na noc lub zamroź, jeśli potrzebujesz go szybko.
- Po ostygnięciu wyjmij batony, wyciągając papier pergaminowy. Pokrój w kostkę 8-10 batoników i podawaj! Te batony z masłem orzechowym i fudge powinny być spożywane schłodzone! Jeśli zabierasz je na wynos, upewnij się, że zabierzesz je w izolowanej torbie na lunch, aby zachowały jędrność.

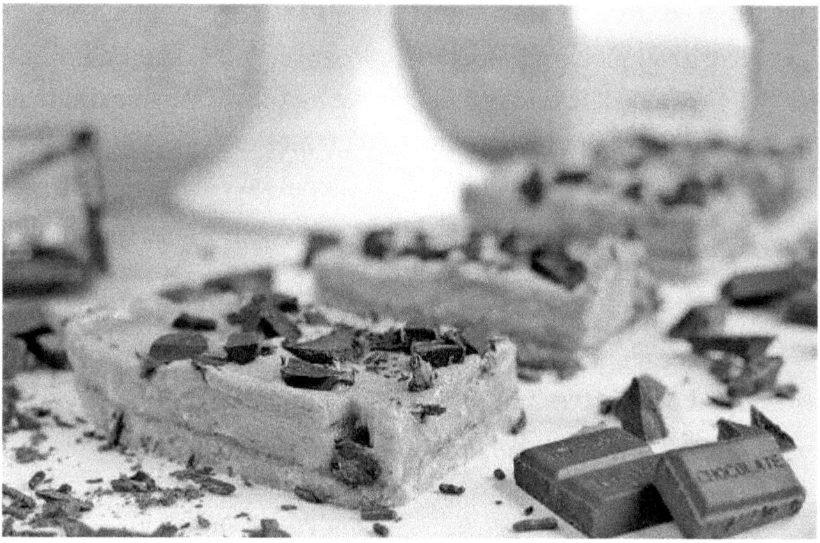

f) Ulubione Brownies z Cukinii

h) 1/4 szklanki roztopionego masła
i) 1 szklanka Brownies z masłem orzechowym
j) 1 jajko, ubite
k) 1 łyżeczka ekstraktu waniliowego
l) 1 szklanka mąki uniwersalnej
m) 1 łyżeczka proszku do pieczenia
n) 1/2 łyżeczki sody oczyszczonej
o) 1 łyżka wody
p) 1/2 łyżeczki soli
q) 2-1/2 łyżki stołowej kakao do pieczenia
r) 1/2 szklanki posiekanych orzechów włoskich
s) 3/4 szklanki cukinii, startej na tarce
t) 1/2 szklanki półsłodkich kawałków czekolady

- W dużej misce wymieszaj wszystkie składniki oprócz kawałków czekolady.
- Rozłóż ciasto w natłuszczonej blasze do pieczenia o wymiarach 8"x8" i posyp ciasto kawałkami czekolady.
- Piec w temperaturze 350 stopni przez 35 minut. Ostudzić przed pokrojeniem na batony. Wystarczy na tuzin.

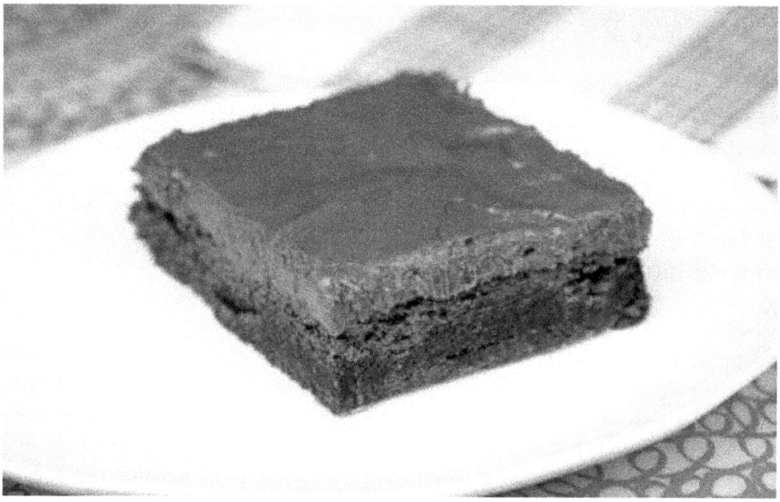

g) Brownies z czekoladą słodową

- 12-uncjowe opakowanie mlecznych chipsów czekoladowych
- 1/2 szklanki masła, zmiękczonego
- 3/4 szklanki cukru
- 1 łyżeczka ekstraktu waniliowego
- 3 jajka, ubite
- 1-3/4 szklanki mąki uniwersalnej
- 1/2 szklanki słodowego mleka w proszku
- 1/2 łyżeczki soli
- 1 szklanka kulek z mleka słodowego, grubo posiekanych

1. Rozpuść chipsy czekoladowe i masło w rondlu na małym ogniu, często mieszając. Zdejmij z ognia; pozwól lekko ostygnąć.
2. Dodaj pozostałe składniki, oprócz kulek ze słodu, w podanej kolejności.
3. Rozłóż ciasto w natłuszczonej blasze do pieczenia o wymiarach 13"x9". Posyp kulkami z mleka słodowego; piecz w temperaturze 350 stopni przez 30 do 35 minut. Ostudź. Pokrój w batony. Wychodzi 2 tuziny.

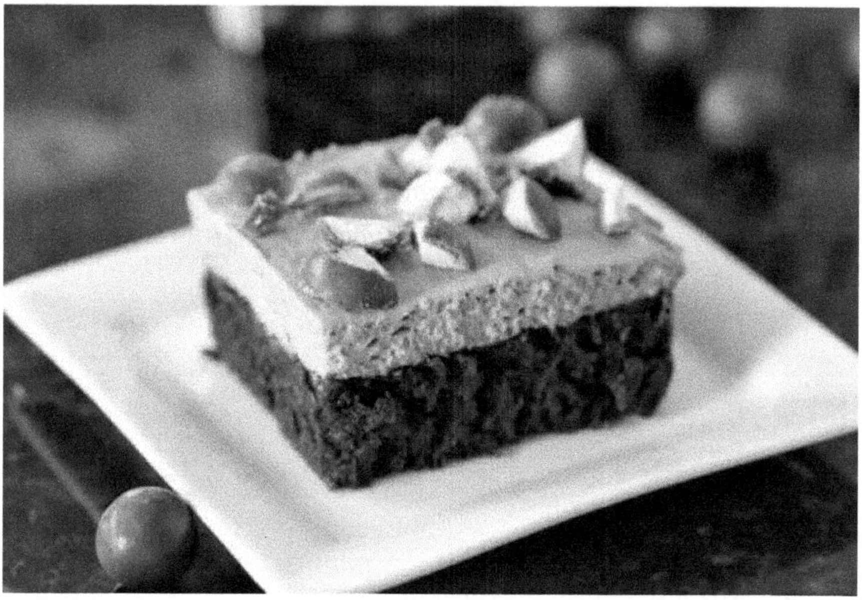

h) Niemieckie Brownies Czekoladowe

- 14-uncjowe opakowanie karmelków, bez opakowania
- 1/3 szklanki mleka odparowanego
- 18-1/4 oz. opak. Mieszanka do ciasta czekoladowego po niemiecku
- 1 szklanka posiekanych orzechów
- 3/4 szklanki roztopionego masła
- 1 do 2 c. półsłodkich kawałków czekolady

1. Rozpuść karmelki z odparowanym mlekiem w kąpieli wodnej. W misce wymieszaj suchą mieszankę do ciasta, orzechy i masło; mieszaj, aż mieszanka się połączy. Wciśnij połowę ciasta do natłuszczonej i posypanej mąką formy do pieczenia o wymiarach 13"x9".
2. Piec w temperaturze 350 stopni przez 6 minut. Wyjąć z piekarnika; posypać kawałkami czekolady i polać mieszanką karmelową. Nałożyć łyżką resztę ciasta na wierzch.
3. Piec w temperaturze 350 stopni przez kolejne 15 do 18 minut. Ostudzić; pokroić w batony. Wychodzi 1-1/2 tuzina.

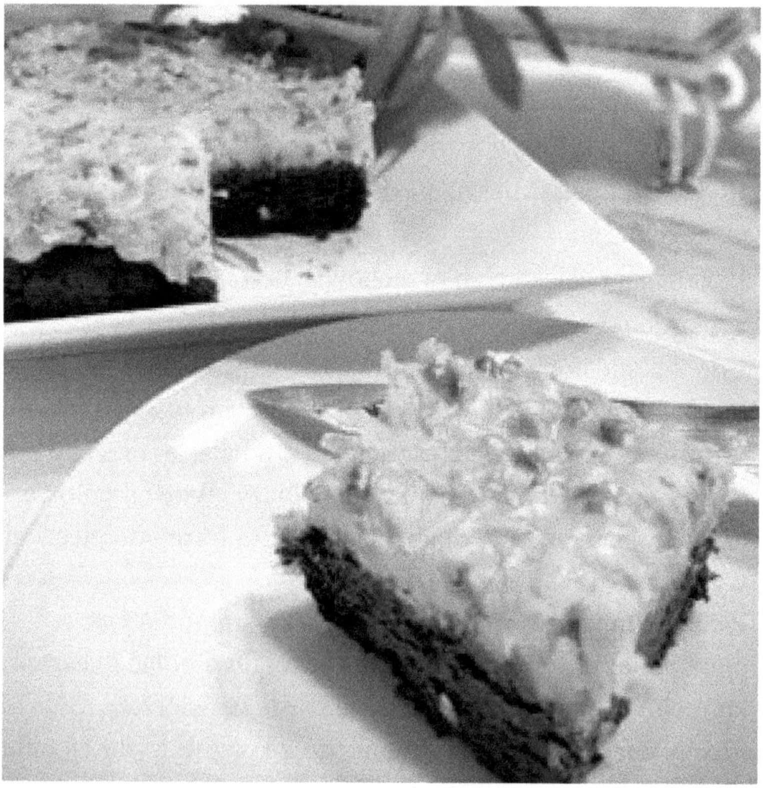

16. Krem Matcha z zieloną herbatą

Składniki:

- Masło migdałowe prażone, 85 g
- Mąka owsiana, 60 g
- Mleko migdałowe waniliowe niesłodzone, 1 szklanka
- Proszek białkowy, 168 g
- Czekolada gorzka, 4 uncje roztopionej
- Proszek z zielonej herbaty Matcha, 4 łyżeczki
- Ekstrakt ze stewii, 1 łyżeczka
- Cytryna, 10 kropli

Metoda:

1. Rozpuść masło w rondlu i dodaj mąkę owsianą, proszek herbaciany, proszek proteinowy, krople cytrynowe i stewię. Dobrze wymieszaj.
2. Następnie wlej mleko i mieszaj cały czas, aż składniki się dobrze połączą.
3. Przełóż mieszankę do keksówki i odstaw do lodówki, aż stężeje.
4. Polej wierzch roztopioną czekoladą i odstaw do lodówki, aż czekolada stwardnieje.
5. Pokrój na 5 batoników i delektuj się.

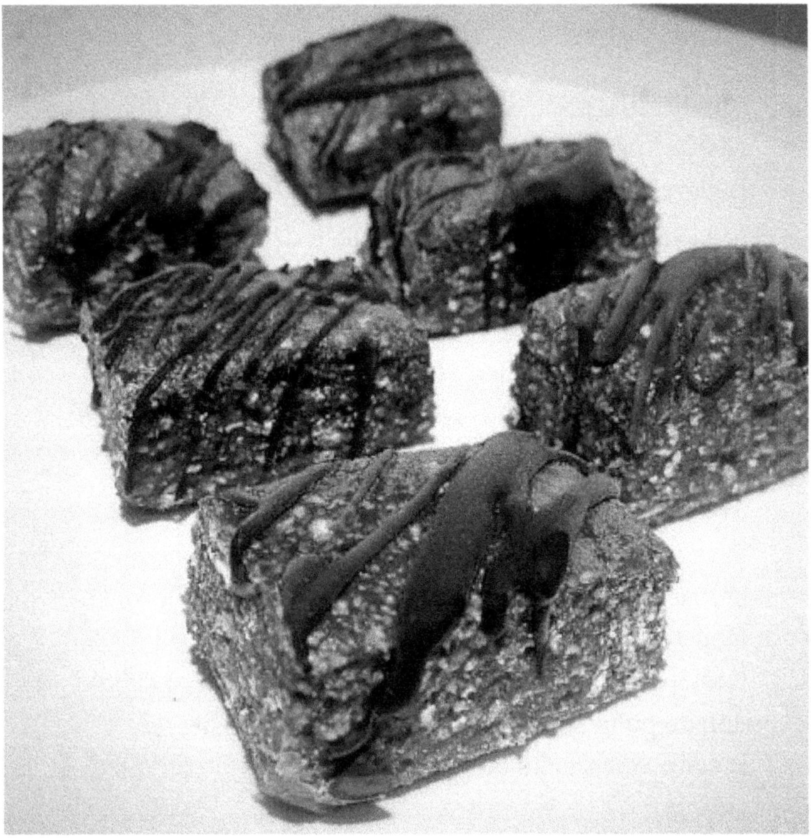

17. Piernikowe Brownies

- 1-1/2 szklanki mąki uniwersalnej
- 1 szklanka cukru
- 1/2 łyżeczki sody oczyszczonej
- 1/4 szklanki kakao do pieczenia
- 1 łyżeczka mielonego imbiru
- 1 łyżeczka cynamonu
- 1/2 łyżeczki zmielonych goździków
- 1/4 szklanki masła, roztopionego i lekko ostudzonego
- 1/3 szklanki melasy
- 2 jajka, ubite
- Dekoracja: cukier puder

1. W dużej misce wymieszaj mąkę, cukier, sodę oczyszczoną, kakao i przyprawy. W osobnej misce wymieszaj masło, melasę i jajka. Dodaj mieszankę masła do mieszanki mąki, mieszając, aż składniki się połączą.
2. Rozłóż ciasto w natłuszczonej blasze do pieczenia o wymiarach 13"x9". Piecz w temperaturze 350 stopni przez 20 minut lub do momentu, aż wykałaczka włożona do środka będzie czysta.
3. Ostudzić w blasze na kratce. Posypać cukrem pudrem. Pokroić w kwadraty. Wychodzi 2 tuziny.

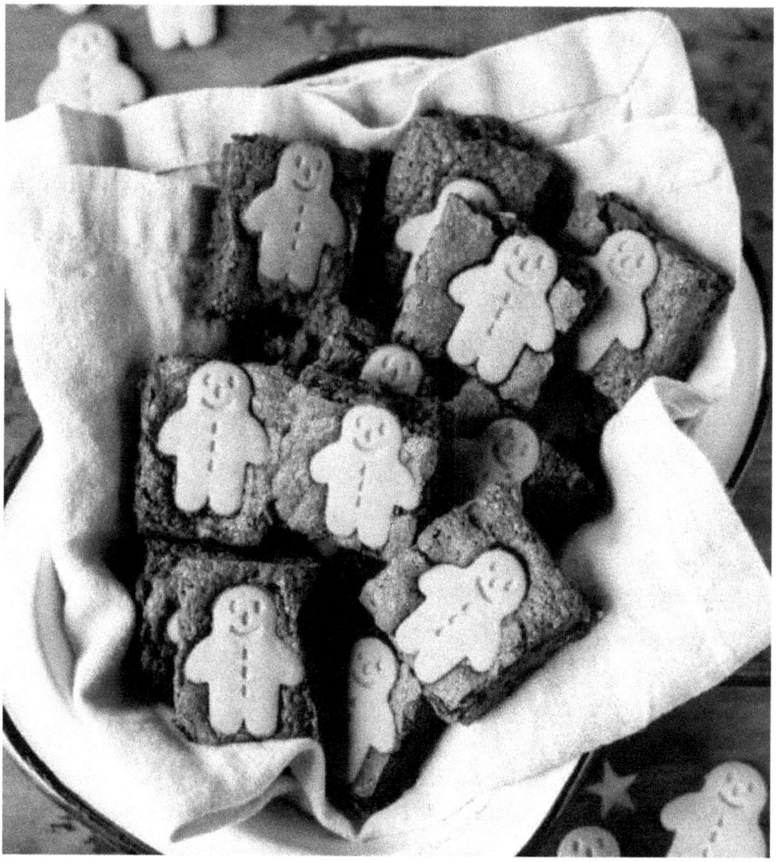

18. Brownies z miodem i czekoladą

Składniki:

- 1 szklanka roztopionego masła lub oleju
- ½ szklanki roztopionej, niesłodzonej czekolady lub proszku kakaowego
- 4 jajka
- 1 szklanka miodu
- 2 łyżeczki wanilii
- 2 szklanki niebielonej białej mąki
- 2 łyżeczki proszku do pieczenia
- ½ łyżeczki soli morskiej
- 1 filiżanka rodzynek
- 1 filiżanka posiekanych orzechów

Wskazówki:

- Rozgrzej piekarnik do 350 stopni F.
- Ubij masło, czekoladę, karob lub kakao i miód razem, aż będą gładkie. Dodaj jajka i wanilię; dobrze wymieszaj.
- Dodaj suche składniki, mieszaj, aż będą wilgotne. Dodaj rodzynki i orzechy i dokładnie wymieszaj.
- Wlej ciasto do natłuszczonej formy do pieczenia o wymiarach 9x13 cali. Piecz przez 45 minut lub do momentu, aż ciasto będzie gotowe.
- Pokrój na 24 kawałki (około 2 ‖ x 2 ‖), eac h s e rving h jako 2 t easpoo n s tyłka e r = high d ose , o r c ut int o 48 p i eces

(około 2‖ x 1 ‖) = m e dium dose.

19. Brownies miętowe

Składniki:

- 1 szklanka masła
- 6 uncji niesłodzonej czekolady
- 2 szklanki cukru
- 1 łyżeczka proszku do pieczenia
- 1½ łyżeczki wanilii
- ½ łyżeczki soli
- 1½ szklanki mąki
- 1 szklanka orzechów włoskich lub pekan, drobno zmielonych
- 1 1/2 uncji torebki chipsów miętowo-czekoladowych Hershey's
- 4 jajka

Wskazówki:

- Rozgrzej piekarnik.
- W średnio-wysokim rondlu rozpuść masło i niesłodzoną czekoladę na małym ogniu, stale mieszając. Zdejmij z ognia i pozostaw do ostygnięcia.
- Nasmaruj tłuszczem patelnię o wymiarach 9×13 cali i odstaw na bok. Wymieszaj cukier z schłodzoną mieszanką czekoladową w rondlu. Ubij jajka i powoli dodawaj do mieszanki czekoladowej. Wymieszaj z wanilią.
- W misce wymieszaj mąkę, sodę oczyszczoną i sól.
- Dodaj mieszankę mąki do mieszanki czekoladowej, aż się połączą. Wymieszaj z orzechami i miętą oraz kawałkami czekolady. Rozłóż ciasto na przygotowanej patelni.
- Piec przez 30 minut. Ostudzić na kratce przed przechowywaniem.

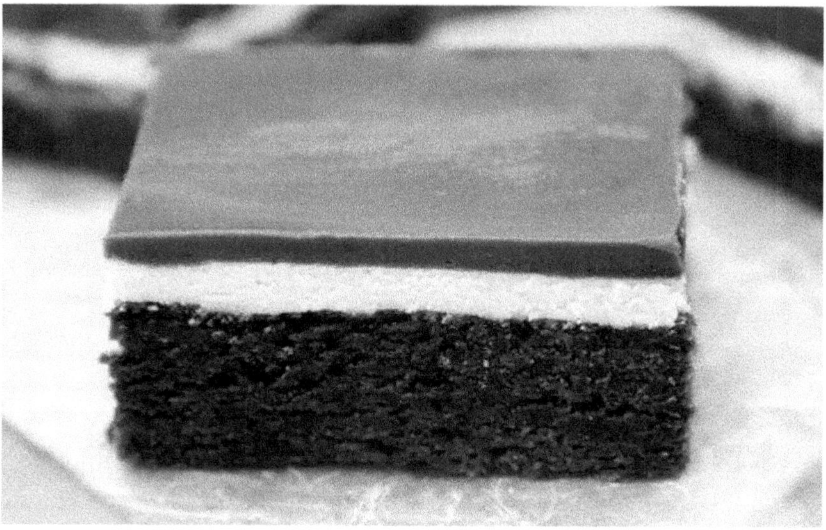

20. Brownies z orzechami pekan

Składniki:
a) 1 szklanka masła
b) 2/3 szklanki czekolady
c) 1 łyżeczka ekstraktu waniliowego
d) Skórka pomarańczowa (oryginalna)
e) 5 białek jaj
f) 4 żółtka jaj
g) 3/4 szklanki cukru
h) 1/3 szklanki mąki
i) 1 łyżka proszku kakaowego
j) 1/2 szklanki pokruszonych orzechów pekan

Wskazówki:
- Rozgrzej piekarnik do 220 stopni Fahrenheita.
- Użyj kąpieli wodnej, umieszczając miskę na garnku z wodą i podgrzewając ją na średnio wysokim ogniu.
- Dodaj czekoladę, masło, ekstrakt waniliowy i skórkę pomarańczową do pustej miski i wymieszaj, aż składniki się połączą.
- Zdejmij miskę z ognia i odstaw na bok. (Od tego momentu nie będziesz już potrzebować ciepła.)
- Umieść białka jaj w osobnej misce.
- Ubij białka jajek za pomocą miksera lub trzepaczki, aż powstanie sztywna piana; odstaw.
- Dodaj żółtka do osobnej miski i dodaj cukier. Wymieszaj, aby połączyć składniki.
- Dodaj mieszankę czekoladową do mieszanki żółtek i jajek, a następnie powoli wymieszaj za pomocą szpatułki.
- Gdy składniki się połączą, przesiej mąkę, proszek kakaowy i dodaj orzechy pekan.
- Teraz dodaj do mieszanki puszyste białe białka jaj i wymieszaj wszystko szpatułką. Wyłóż blachę do pieczenia papierem pergaminowym i dodaj do niej gotową mieszankę.
- Piecz przez 60 minut, a Twoje brownie będzie gotowe.

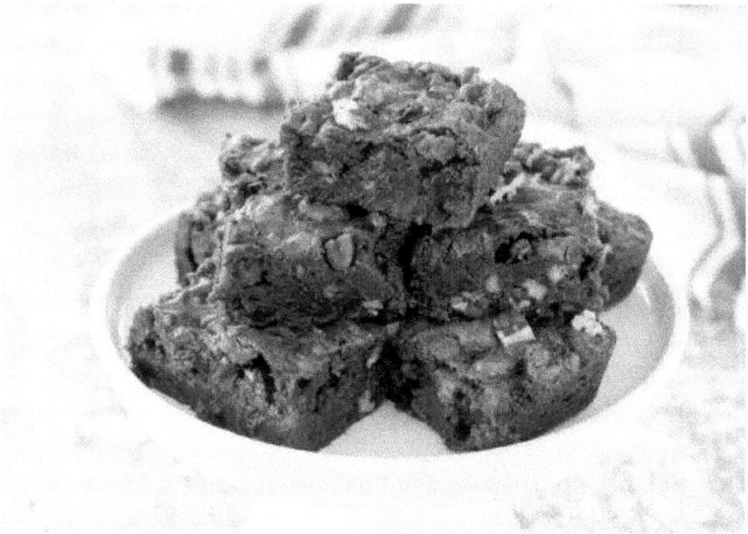

21. Brownies miętowe z sosem toffi

SKŁADNIKI
Brownies
a) 1 szklanka (230 g) niesolonego masła
b) 2 uncje półsłodkiej czekolady, grubo posiekanej
c) 1 i 1/2 szklanki (300 g) cukru granulowanego
d) 1/2 szklanki (100 g) jasnobrązowego cukru
e) 2 duże jajka w temperaturze pokojowej
f) 2 łyżeczki czystego ekstraktu waniliowego
g) 1/2 łyżeczki soli
h) 1/2 szklanki + 3 łyżki (85 g) mąki uniwersalnej (łyżka i płaska)
i) 1/4 szklanki (21 g) naturalnego niesłodzonego kakao w proszku

Warstwa lukru miętowego
- 1/2 szklanki (115 g) niesolonego masła, zmiękczonego do temperatury pokojowej
- 2 szklanki (240g) cukru pudru
- 2 łyżki (30ml) mleka
- 1 i 1/4 łyżeczki ekstraktu z mięty pieprzowej*
- opcjonalnie: 1 kropla płynnego lub żelowego zielonego barwnika spożywczego

Warstwa czekoladowa
- 1/2 szklanki (115 g) niesolonego masła
- 1 czubata filiżanka (około 200 g) półsłodkich kawałków czekolady

Sos toffi solony

1. 7 łyżek masła
2. 9 łyżek masła niesolonego
3. 1 szklanka śmietanki kremówki
4. 1 szklanka ciemnego brązowego cukru, mocno ubitego
5. ½ łyżeczki soli

Instrukcje
Do brownie:
1. Rozpuść masło i posiekaną czekoladę w średniej wielkości rondlu na średnim ogniu, stale mieszając, około 5 minut. Albo rozpuść w średniej wielkości misce bezpiecznej dla mikrofalówki w 20-sekundowych odstępach, mieszając po każdym, w mikrofalówce. Zdejmij z ognia, przelej do dużej miski do mieszania i pozwól lekko ostygnąć przez 10 minut.
2. Ustaw ruszt piekarnika na dolną trzecią pozycję i rozgrzej piekarnik do 350°F (177°C). Wyłóż dno i boki formy do pieczenia o wymiarach 9×13* folią aluminiową lub papierem pergaminowym, pozostawiając nadmiar na wszystkich bokach. Odłóż na bok.
3. Wymieszaj granulowany i brązowy cukier z ostudzoną mieszanką czekolady i masła. Dodaj jajka, jedno po drugim, ubijając do uzyskania gładkiej konsystencji po każdym dodaniu. Wymieszaj z wanilią. Delikatnie wmieszaj sól, mąkę i kakao. Wlej ciasto do przygotowanej formy do pieczenia i piecz przez 35-36 minut lub do momentu, aż brownie zaczną odchodzić od brzegów formy.
4. Po całkowitym ostygnięciu podnieś folię z formy za wystające boki. Umieść całość na blasze do pieczenia, podczas gdy robisz lukier. Nie tnij jeszcze w kwadraty.

Warstwa lukru miętowego:
- W średniej misce, używając miksera ręcznego lub stojącego z końcówką do ubijania, ubijaj masło na średniej prędkości, aż będzie gładkie i kremowe, około 2 minuty. Dodaj cukier puder i mleko. Ubijaj przez 2 minuty na niskich obrotach, następnie zwiększ do wysokich obrotów i ubijaj przez dodatkową 1 minutę. Dodaj ekstrakt z mięty pieprzowej i barwnik spożywczy (jeśli używasz) i ubijaj na wysokich obrotach przez

1 pełną minutę. Spróbuj i dodaj kroplę lub dwie więcej ekstraktu z mięty pieprzowej, jeśli chcesz.
- Ostudź schłodzone brownie, które umieściłeś na blasze do pieczenia, i umieść blachę do pieczenia w lodówce. Pozwoli to na „zastygnięcie" lukru na wierzchu brownie, co ułatwi rozsmarowanie warstwy czekoladowej. Przechowuj w lodówce przez co najmniej 1 godzinę i do 4 godzin.

Warstwa czekoladowa:

a) Rozpuść masło i kawałki czekolady w średniej wielkości rondlu na średnim ogniu, mieszając stale, około 5 minut. Albo rozpuść w średniej wielkości misce bezpiecznej dla mikrofalówki w 20-sekundowych odstępach, mieszając po każdym, w mikrofalówce. Po rozpuszczeniu i uzyskaniu gładkiej konsystencji, wylej na warstwę miętową.

b) Delikatnie rozprowadź nożem lub szpatułką offsetową. Umieść brownie, które nadal są na blasze do pieczenia, w lodówce i schłódź przez 1 godzinę (i do 4 godzin lub nawet przez całą noc), aby czekolada stężała.

c) Po schłodzeniu wyjmij z lodówki i pokrój w kwadraty. Aby uzyskać schludne krojenie, wykonuj bardzo szybkie cięcia, używając bardzo ostrego, dużego noża i wycierając nóż ręcznikiem papierowym między każdym cięciem. Brownies są OK w temperaturze pokojowej przez kilka godzin. Przykryj szczelnie i przechowuj resztki w lodówce do 5 dni.

Do sosu toffi:

- W średnim rondlu na średnio-niskim ogniu połącz masło, niesolone masło, śmietanę kremówkę, ciemnobrązowy cukier i sól. Doprowadź do wrzenia, często mieszając.
- Kontynuuj gotowanie przez 10 minut, aż sos zacznie się zmniejszać i gęstnieć. Zdejmij z ognia. Pozostaw sos do lekkiego ostygnięcia przed podaniem.

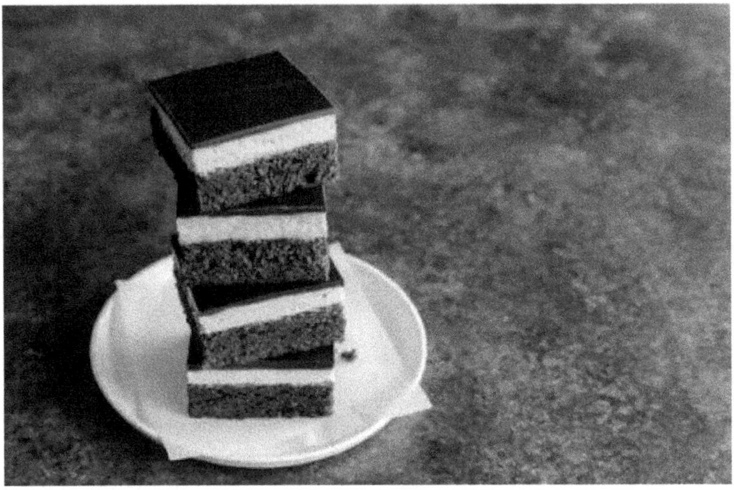

22. Brownies z czekoladą i gałką muszkatołową

Składniki:

1. 1/4 funta masła
2. 1/4 funta ciemnej czekolady
3. 1 szklanka białego cukru
4. 4 zwykłe jajka
5. 1/2 szklanki mąki pszennej
6. Gałka muszkatołowa
7. Cynamon
8. 2 łyżeczki wanilii

Wskazówki

- Rozgrzej piekarnik do temperatury 350 stopni Fahrenheita.
- Rozpuść masło na małym ogniu, dodaj czekoladę (najlepiej w kostkach) i rozpuść ją w już roztopionym maśle; regularnie mieszaj, aż zamieni się w masło czekoladowe!
- Gdy czekolada całkowicie się rozpuści, dodaj cynamon, gałkę muszkatołową i biały cukier; wymieszaj i gotuj na wolnym ogniu przez kilka minut.
- Dodaj jajka, jedno po drugim, ubijając je tak, aby żółtko się rozbiło. Kontynuuj mieszanie mieszanki na małym ogniu, aż będzie całkowicie gładka.
- Dodaj mąkę i drobno zmielone konopie do mieszanki. Jeśli lubisz orzechy, możesz dodać pół szklanki swoich ulubionych orzechów, jeśli chcesz. Dobrze wymieszaj; jeśli trudno jest wymieszać, dodaj odrobinę mleka.
- Wlej mieszankę do natłuszczonej formy o wymiarach 9x13 cali (jeśli jej nie masz), mniejsza też będzie ok – ale dzięki temu brownie będzie grubsze i prawdopodobnie trochę dłużej będzie się piekło w piekarniku.
- Piecz mieszankę przez 20–25 minut, czasem zaleca się pieczenie nieco dłużej .
- Gdy będzie wyglądać i przypominać gigantyczne brownie, pokrój je na około 20 kawałków . Oczywiście nie ma znaczenia, ile kwadratów.

- Dawkowanie: Odczekaj godzinę i sprawdź, jak się czujesz. Następnie zjedz więcej, jeśli to konieczne! Te brownie smakują pysznie i trudno się oprzeć, żeby ich nie zjeść, ale nie chcesz zjeść ich za dużo, a potem będą białe!

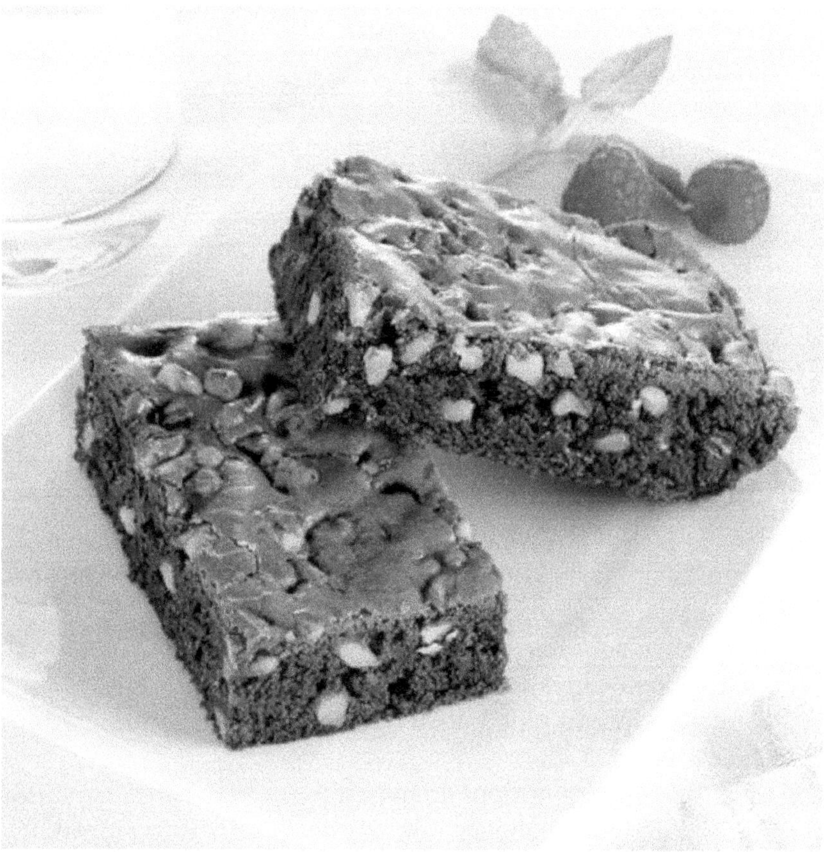

23. Brownie z masłem orzechowym
Składniki:

- 2 łyżki masła kanapkowego, zmiękczone
- 2 łyżki cukru
- 1 1/2 łyżki brązowego cukru
- 1 łyżka stołowa proszku
- 1 żółtko
- 3 łyżki mąki
- Szczypta soli
- Odrobina wanilii
- 1 łyżka kremowego masła orzechowego

Wskazówki:

1. Wymieszaj masło konopne, cukier, brązowy cukier, wanilię i żółtko jaja, aż do uzyskania gładkiej masy.
2. Wymieszaj sól i mąkę, aż dobrze się połączą. Na końcu dodaj czekoladowe chipsy.
3. Przelej do foremki lub kubka i posmaruj wierzch masłem orzechowym.
4. Lekko wymieszaj nożem do masła.
5. 5,75 sekundy w kuchence mikrofalowej, aż będzie gotowe.

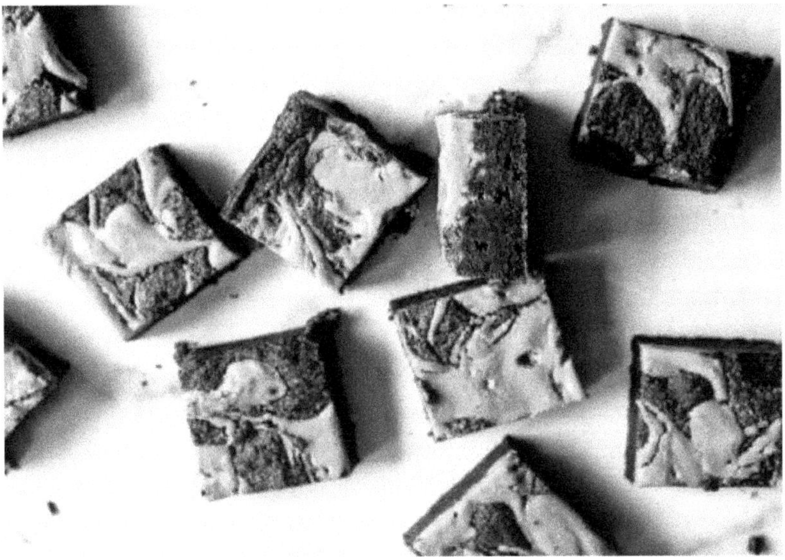

24. Brownies z dyni

Składniki:
1. 2/3 szklanki mielonego brązowego cukru
2. 1/2 szklanki konserwowej dyni
3. 1 całe jajko
4. 2 białka jaj
5. 1/4 szklanki masła konopnego
6. 1 szklanka mąki uniwersalnej
7. 1 łyżeczka proszku do pieczenia
8. 1 łyżeczka niesłodzonego kakao w proszku
9. 1/2 łyżeczki mielonego cynamonu
10. 1/2 łyżeczki zmielonego ziela angielskiego
11. 1/4 łyżeczki soli
12. 1/4 łyżeczki mielonej gałki muszkatołowej
13. 1/3 szklanki miniaturowych półsłodkich kawałków czekolady

Wskazówki:

- Rozgrzej piekarnik do temperatury 350 stopni Fahrenheita.
- W dużej misce wymieszaj brązowy cukier, dynię, całe jajko, białka jaj i oliwę.
- Ubijaj mikserem na średnich obrotach, aż składniki się połączą.
- Dodaj mąkę, proszek do pieczenia, kakao w proszku, cynamon, ziele angielskie, sól i gałkę muszkatołową
- Ubijaj na niskich obrotach, aż masa będzie gładka. Wymieszaj z półsłodkimi kawałkami czekolady.
- Spryskaj formę do pieczenia o wymiarach 11×7 cali powłoką zapobiegającą przywieraniu.
- Wlać ciasto na patelnię. Rozprowadzić równomiernie.
- Piecz przez 15–20 minut lub do momentu, aż ząbek wbity w środek ciasta będzie czysty.

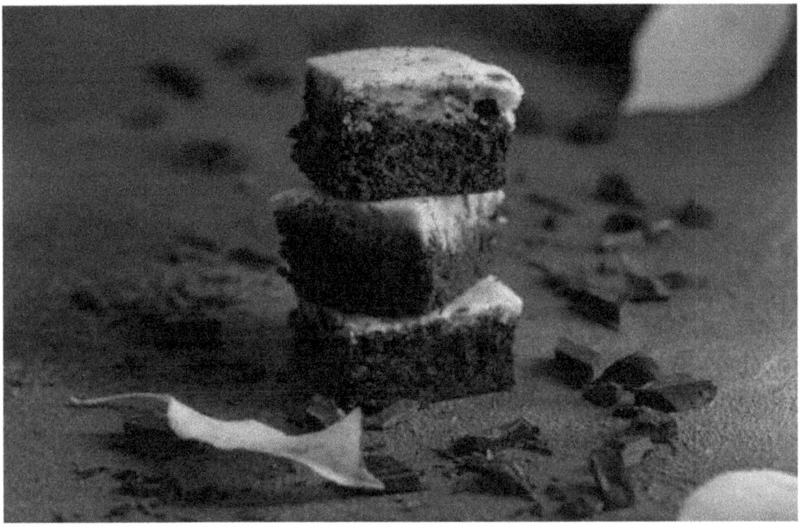

KORA, PRECLEKI I NUGATYNKI

25. Kora Buddy z mięty pieprzowej

Składniki:

1. 12 uncji białej czekolady
2. 6 uncji półsłodkiej czekolady
3. 4 tabletki oleju kokosowego
4. ½ łyżeczki ekstraktu z mięty pieprzowej
5. 3 cukierki w puszkach (pokruszone)

Wskazówki

- Wyłóż blachę do pieczenia o wymiarach 9×9 cali papierem pergaminowym lub folią aluminiową, upewniając się, że folia pokrywa również boki blachy, i wygładzaj wszelkie zmarszczki. Ten krok zapewni szybkie czyszczenie i pozwoli na łatwe wyjęcie kory miętowej z foremki, gdy nadejdzie czas na podzielenie jej na pojedyncze kawałki.
- Rozpuść półsłodkie czekoladowe chipsy i białe czekoladowe chipsy. Aby to zrobić, stwórz podwójny kociołek, używając miski odpornej na ciepło i garnka wypełnionego wodą. Wybierz miskę, która ciasno pasuje do garnka (nie używaj miski, która niepewnie stoi na garnku). Należy również upewnić się, że dno miski nie dotyka wody, w przeciwnym razie istnieje ryzyko przypalenia czekolady.
- Jako ciekawostkę dodam, że przepis ten wykorzystuje 3 warstwy czekolady na korę (białą, półsłodką, białą). Możesz swobodnie zmieniać rodzaje czekolady i odwracać warstwy (półsłodką, białą, półsłodką), jeśli chcesz!
- Zagotuj wodę w rondlu i umieść na nim miskę z białymi kawałkami czekolady.
- Rozpuść białe czekoladowe chipsy, aż będą gładkie
- Dodaj 4 łyżki stołowe oleju kokosowego z dodatkiem konopi i ½ łyżeczki ekstraktu z mięty pieprzowej.
- Mieszaj, aż oba oleje całkowicie rozpuszczą się w białej czekoladzie. Oprócz nadania potrawie właściwości leczniczych, olej kokosowy nada również korze ładny połysk i pozwoli jej „ pęknąć " podczas łamania . P i eces .

- Gdy roztopiona biała czekolada znów stanie się gładka, wlej jej połowę do przygotowanej formy. Przechyl formę po wlaniu połowy roztopionej białej czekolady, aby zapewnić równomierne pokrycie/pierwszą warstwę.
- Umieść formę w lodówce i pozwól, aby pierwsza warstwa czekolady całkowicie stwardniała, zajmie to około 30 minut.
- Podczas gdy pierwsza warstwa kory się utwardza, powtórz powyższe kroki, aby przygotować drugi kocioł podwójny do przygotowania półsłodkich kawałków czekolady.
- Gdy Twoje półsłodkie kawałki czekolady całkowicie się rozpuszczą, wyjmij miskę z kąpieli wodnej.
- Wyjmij z lodówki patelnię z pierwszą warstwą białej czekolady i przygotuj całą miskę z roztopionymi, półsłodkimi kawałkami czekolady, aby przykryć pierwszą warstwę. Bardzo ważne jest, aby
pierwsza warstwa białej czekolady była całkowicie stwardniała, ponieważ w przeciwnym razie nałożenie drugiej warstwy spowoduje ich wymieszanie.
- Rozłóż równomiernie na całej powierzchni formy drugą warstwę półsłodkich kawałków czekolady za pomocą szpatułki lub noża piekarskiego.
- Włóż ciasto z powrotem do lodówki i poczekaj, aż druga warstwa czekolady stężeje, co również zajmie około 30 minut.
- Gdy druga warstwa czekolady stężeje, dodaj trzecią i ostatnią warstwę białej czekolady na wierzch półsłodkiej warstwy. Rozprowadź tę trzecią warstwę równomiernie szpatułką.
- Umieść puszki z cukierkami w woreczku strunowym i rozdrobnij je na drobne kawałki za pomocą tylnej części chochli lub wałka do ciasta.
- Posyp pokruszone laski cukrowe na wierzchu trzeciej i ostatniej warstwy białej czekolady, tak aby pokrywały całą powierzchnię, a następnie włóż tortownicę z powrotem do lodówki, aż do całkowitego stężenia kory (30 minut do 1 godziny).
- Gdy danie będzie gotowe do spożycia, wyjmij korę z lodówki i pociągnij za boki folii aluminiowej – kora powinna dać się bez problemu wyciągnąć z patelni!

- Podziel korę na pojedyncze kawałki i zapakuj je, aby podarować je komuś w prezencie lub od razu podaj gościom!

26. Czekoladowa kora z kandyzowanymi orzechami pekan

Składniki:
a) 2 łyżki masła
b) 1 szklanka połówek orzechów pekan
c) 2 łyżki stołowe jasnego lub ciemnego brązowego cukru, mocno ubitego
d) 2 szklanki gorzkich kawałków czekolady
e) 2 łyżki kandyzowanego imbiru

Wskazówki
a) W małym rondelku na małym ogniu podgrzewaj masło przez 2 do 3 minut lub do całkowitego roztopienia. Dodaj połówki orzechów pekan i mieszaj przez 3 do 5 minut, aż będą pachnące i orzechowe. Dodaj jasnobrązowy cukier, stale mieszając, przez około 1 minutę lub do momentu, aż orzechy pekan będą równomiernie pokryte i zaczną się karmelizować. Zdejmij z ognia.
b) Rozłóż karmelizowane orzechy pekan na papierze pergaminowym i pozwól im ostygnąć. Grubo posiekaj orzechy pekan i odstaw.
c) Zagotuj w kąpieli wodnej na średnim ogniu i mieszaj kawałki gorzkiej czekolady przez 5–7 minut lub do całkowitego roztopienia się.
d) Na blaszce wyłożonej papierem do pieczenia rozprowadź rozpuszczoną czekoladę.
e) Posyp równomiernie karmelizowanymi pekanami i kandyzowanym imbirem. Odstaw na 1 do 2 godzin lub do momentu stężenia czekolady. Pokrój lub połam korę na 6 równych kawałków.
f) Przechowywanie: Przechowywać w szczelnym pojemniku, pod przykryciem, w lodówce przez okres do 6 tygodni, lub w zamrażarce przez okres do 6 miesięcy.

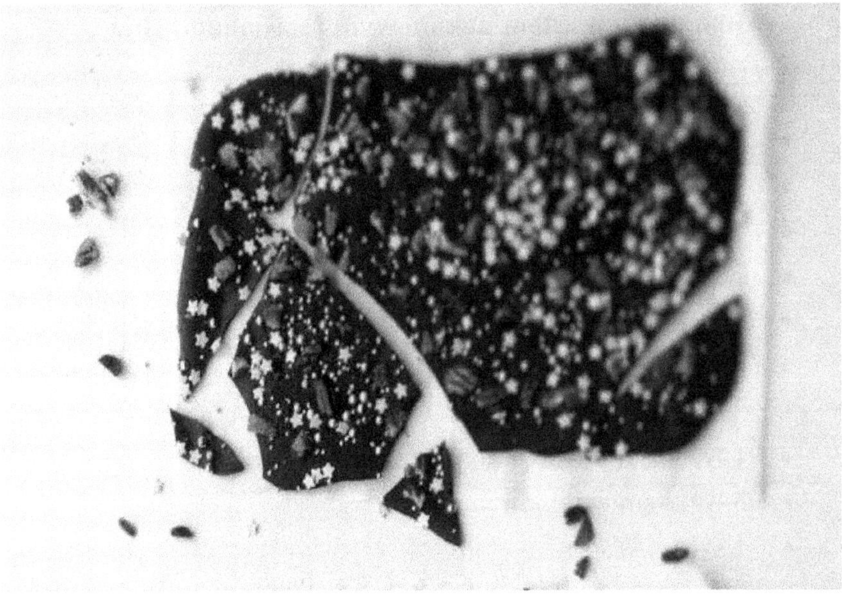

a) Blondies z masłem pekanowym i nasionami chia

SKŁADNIKI

- 2 1/4 szklanki orzechów pekan, prażonych
- 1/2 szklanki nasion chia
- 1/4 szklanki roztopionego masła
- 1/4 szklanki erytrytolu w proszku
- 3 łyżki SF Torani Solony Karmel
- Krople płynnej stewii
- 3 duże jajka
- 1 łyżeczka proszku do pieczenia
- 3 łyżki śmietanki kremówki
- 1 szczypta soli

INSTRUKCJE

a) Rozgrzej piekarnik do 350F. Odmierz 2 1/4 szklanki orzechów pekan i piecz przez około 10 minut. Gdy poczujesz orzechowy aromat, wyjmij orzechy
b) Zmiel 1/2 szklanki nasion chia w młynku do przypraw, aż powstanie z nich mąka.
c) Wyjmij mączkę chia i włóż do miski. Następnie zmiel 1/4 szklanki erytrytolu w młynku do przypraw, aż powstanie proszek. Umieść w tej samej misce, co mączka chia.
d) Umieść 2/3 uprażonych orzechów pekan w malakserze.
e) Miksuj orzechy, w razie potrzeby skrobiąc je ze ścianek na dół, aż powstanie gładkie masło orzechowe.
f) Dodaj 3 duże jajka, 10 kropli płynnej stewii, 3 łyżki SF Salted Caramel Torani Syrup i szczyptę soli do mieszanki chia. Dobrze wymieszaj.
g) Dodaj masło orzechowe do ciasta i ponownie wymieszaj.
h) Resztę uprażonych orzechów pekan rozdrobnij wałkiem w plastikowej torbie.

i) Dodaj pokruszone orzechy pekan i 1/4 szklanki roztopionego masła do ciasta.
j) Dobrze wymieszaj ciasto, a następnie dodaj 3 łyżki śmietany kremówki i 1 łyżeczkę proszku do pieczenia. Wszystko dobrze wymieszaj.
k) Odmierz ciasto i wyłóż je na blachę o wymiarach 9×9 cali i wyrównaj.
l) Piec przez 20 minut lub do uzyskania odpowiedniej konsystencji.
m) Pozostaw do ostygnięcia na około 10 minut. Odetnij brzegi brownie, aby uzyskać jednolity kwadrat. To jest to, co nazywam „piekarniczym przysmakiem" – tak, zgadłeś!
n) Podjadaj te złe chłopaki, podczas gdy przygotowujesz je do podania innym. Tak zwana „najlepsza część" brownie to brzegi, dlatego zasługujesz na to, żeby mieć wszystko.
o) Podaj i zjedz do syta (a raczej do woli)!

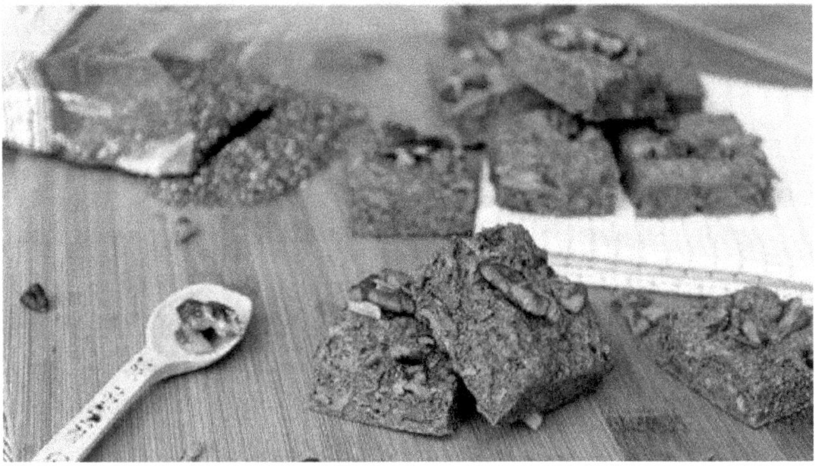

28. Suszone mango zanurzone w czekoladzie

Składniki:
a) 1 szklanka gorzkich kawałków czekolady
b) 2 łyżki oleju kokosowego
c) 12 dużych kawałków niesłodzonego suszonego mango
d) 6 łyżek wiórków kokosowych (opcjonalnie)

Wskazówki
- Wyłóż blachę do pieczenia papierem pergaminowym i odstaw. W kąpieli wodnej na średnim ogniu wymieszaj kawałki gorzkiej czekolady i olej kokosowy.
- Mieszaj przez 5 do 7 minut lub do momentu, aż czekolada całkowicie się rozpuści i dokładnie połączy z olejem kokosowym. Zdejmij z ognia.
- Za pomocą widelca lub rąk zanurz każdy kawałek mango w roztopionej czekoladzie i pozwól, aby nadmiar spłynął z powrotem do miski. Umieść zanurzone kawałki mango na przygotowanej blasze do pieczenia.
- Posyp wiórkami kokosowymi (jeśli używasz) zanurzone kawałki mango. Schłódź w lodówce przez 30 minut lub do momentu, aż czekolada stężeje.
- Przechowywanie: Przechowywać w szczelnym pojemniku, pod przykryciem, w lodówce przez okres do 6 tygodni, lub w zamrażarce przez okres do 6 miesięcy.

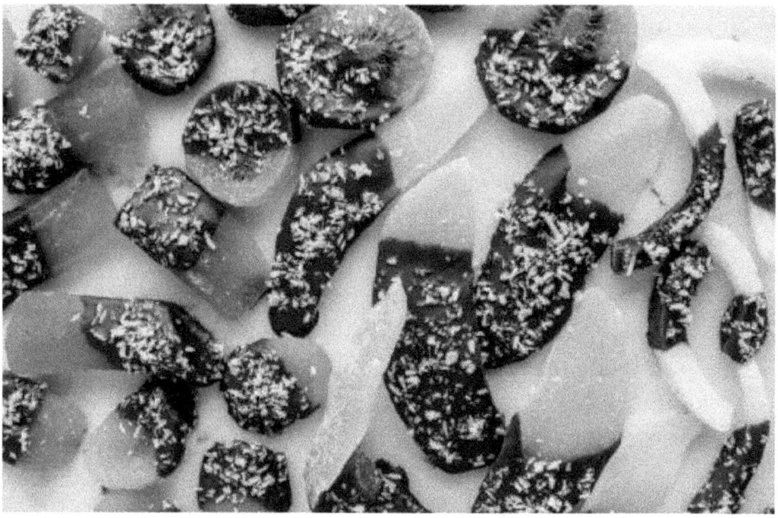

29. Paluszki precelkowe z białą czekoladą

Składniki:
- ¼ szklanki kawałków toffi
- 1 szklanka białej czekolady do roztopienia
- 2 łyżki masła
- 6 paluszków precelkowych

Wskazówki

- Wyłóż blachę do pieczenia papierem pergaminowym i odstaw. Wysyp kawałki toffi na płytki talerz w pobliżu blachy do pieczenia.
- W kąpieli wodnej podgrzewaj białą czekoladę i masło na średnim ogniu, mieszając od czasu do czasu, przez 5 do 7 minut, aż biała czekolada całkowicie się rozpuści.
- Zanurz ¾ każdego precla w roztopionej białej czekoladzie, pozwalając, aby nadmiar czekolady spłynął z powrotem do garnka.
- Obtocz każdy precel w kawałkach toffi i połóż na przygotowanej blasze do pieczenia. Pozostaw do stężenia na co najmniej 30 minut.

- Przechowywanie: Przechowywać w szczelnym pojemniku w lodówce przez okres do 1 miesiąca.

30. Nugat zanurzony w czekoladzie

Składniki:
a) ¾ szklanki cukru granulowanego
b) ⅓ szklanki jasnego syropu kukurydzianego
c) ¼ szklanki posiekanych pistacji
d) ¾ szklanki pokrojonych migdałów
e) 2 łyżki masła
f) 1 szklanka gorzkich kawałków czekolady

Wskazówki

a) Wyłóż blachę do pieczenia papierem pergaminowym i odstaw. W średnim rondlu na średnim ogniu mieszaj cukier i jasny syrop kukurydziany przez 5 do 7 minut, aż mieszanka się rozpuści i zacznie karmelizować.
b) Dodaj pistacje, migdały i masło, mieszaj przez 2–3 minuty, aby lekko uprażyć migdały. (Nie gotuj.)
c) Przenieś mieszankę nugatową na przygotowaną blachę do pieczenia i przykryj dodatkowym arkuszem papieru pergaminowego. Rozprowadź równomiernie wałkiem do ciasta do grubości około ½ cala (1,25 cm). Pokrój na 12 kawałków.
d) Podgrzewaj w kąpieli wodnej na średnim ogniu kawałki gorzkiej czekolady przez 5–7 minut lub do momentu ich roztopienia.
e) Zanurz kawałki nugatu w roztopionej czekoladzie, przykrywając tylko połowę nugatu, i umieść z powrotem na blasze wyłożonej papierem do pieczenia. Pozostaw czekoladę do stężenia na co najmniej 1 godzinę.
f) Przechowywanie: Przechowywać w szczelnym pojemniku przez okres do 1 tygodnia.

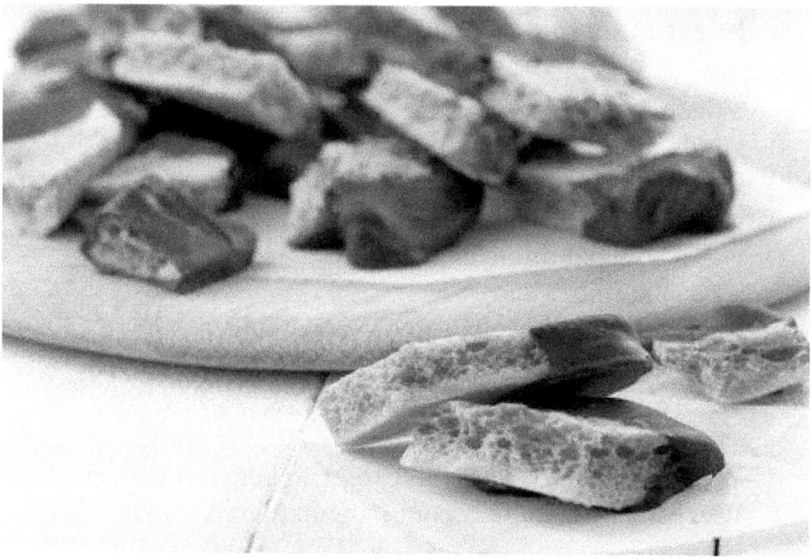

TRUFLE I KULKI DESEROWE

31. Kulki z masłem orzechowym

Potrzebne rzeczy:

- Miska do mieszania
- Podwójny kocioł
- Taca
- Papier woskowy
- Zęby

Składniki:

- 1 1/2 szklanki masła orzechowego
- 1 szklanka masła kannamonowego (twardego)
- 4 filiżanki cukru cukierniczego r
- 1 1/3 filiżanki bułki tartej Graham
- 2 szklanki półsłodkich chipsów czekoladowych
- 1 łyżeczka smalcu

Wskazówki:

a) Umieść masło orzechowe i masło konopne w dużej misce. Powoli dodawaj cukier puder, upewniając się, że nie będzie bałaganu. Dodaj pokruszone krakersy Graham i mieszaj, aż konsystencja stanie się na tyle zwarta, że można będzie uformować z niej kulki.
b) Uformuj kulki o średnicy jednego cala.
c) Rozpuść kawałki czekolady i tłuszcz w garnku z podwójnym dnem. Nakłuj każdą kulkę wykałaczką, a następnie zanurzaj je pojedynczo w mieszance czekoladowej.
d) Umieść kulki owinięte czekoladą na papierze woskowym na tacy. Umieść w zamrażarce na około 30 minut, aż kulki będą stałe.

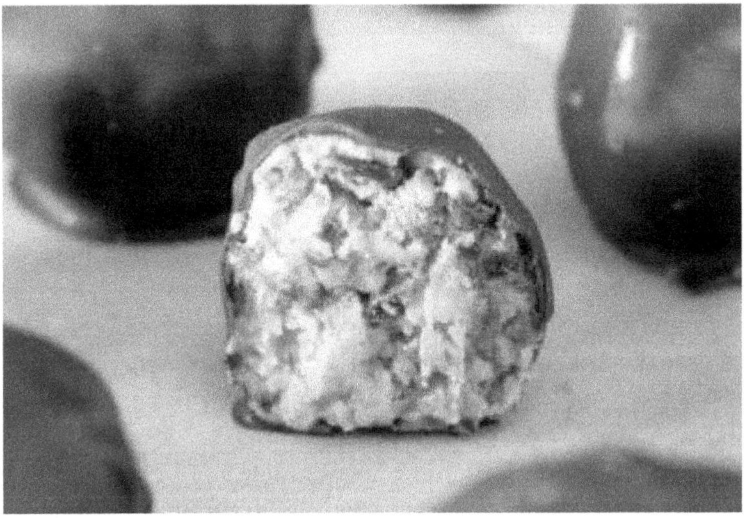

32. Trufle z chili ancho

Składniki:
a) ⅔ szklanki śmietanki kremówki
b) 5 łyżek masła
c) 3 łyżeczki proszku chili ancho
d) 2 łyżeczki mielonego cynamonu
e) Szczypta soli
f) ½ funta (225 g) gorzkiej czekolady, posiekanej
g) 1 łyżeczka kakao w proszku

Wskazówki
1. Wyłóż blachę do pieczenia o wymiarach 9×13 cali (23×33 cm) papierem pergaminowym i odstaw. W średnim rondlu na średnio-niskim ogniu wymieszaj śmietanę kremówkę, 3 łyżki masła, 2 łyżeczki proszku ancho chili, cynamon i sól. Doprowadź mieszankę do wrzenia, przykryj i zdejmij z ognia. Odstaw na 2 godziny.
2. Wróć do rondla na średnio-niski ogień. Gdy zacznie wrzeć, zdejmij z ognia i dodaj gorzką czekoladę i pozostałe 2 łyżki masła. Mieszaj przez 2 do 3 minut lub do momentu, aż czekolada się rozpuści, a mieszanka będzie gładka. Wlej do przygotowanej formy do pieczenia i schłódź w lodówce przez 4 godziny.
3. Używając łyżki i rąk, uformuj mieszankę w 16 kulek o średnicy 2,5 cm (1 cala). Umieść kulki na czystej blasze wyłożonej papierem do pieczenia i schłódź w lodówce przez 30 minut.
4. W małej misce wymieszaj pozostałą 1 łyżeczkę proszku ancho chili i kakao. Obtocz kulki w proszku i umieść z powrotem na papierze pergaminowym.
5. Przechowywanie: Spożywać tego samego dnia w temperaturze pokojowej lub przechowywać w szczelnym pojemniku w lodówce przez okres do 1 tygodnia.

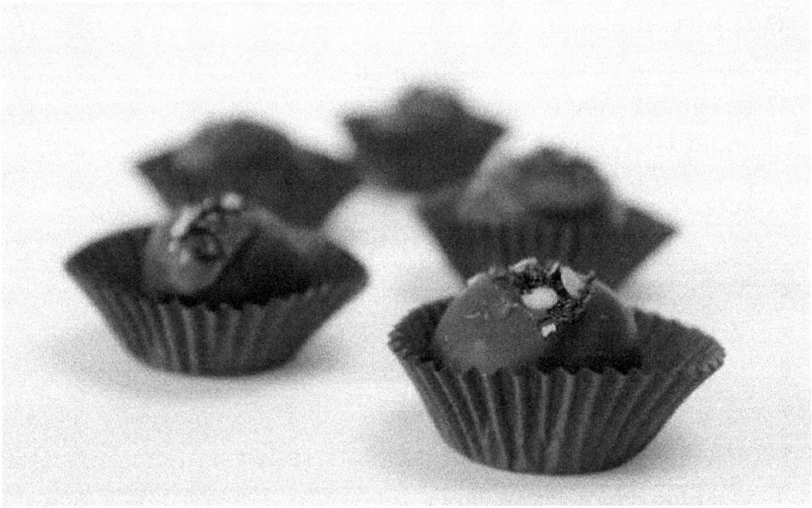

33. Trufle czekoladowe

Czas przygotowania: 15-20 minut
Czas gotowania: 0 minut
Porcje: 10-12

Składniki:

- ½ szklanki zmiękczonego masła
- ½ szklanki cukru pudru
- ¼ szklanki niesłodzonego kakao w proszku
- ½ szklanki mąki migdałowej
- Duża szczypta soli
- Wyciąg z migdałów
- Szczypta ekstraktu waniliowego
- 24 całe migdały, prażone w maśle i soli
- 1 szklanka niesłodzonego wiórka kokosowego

Wskazówki:

- Wyłóż blachę do pieczenia papierem pergaminowym. W misce umieść wszystkie przygotowane składniki oprócz całych migdałów i kokosa i delikatnie wymieszaj, aż mieszanka będzie dość gładka.
- Uformuj łyżeczki mieszanki w dłoniach w kulki. (Pracuj szybko, ponieważ masło szybko robi się bardzo miękkie. Schłodź przez kilka minut, jeśli mieszanka zrobi się zbyt miękka.)
- Jeśli używasz prażonych migdałów, włóż po jednym do środka każdego z nich i szybko zroluj, aby wyrównać powierzchnię.
- Umieść kokos w misce i obtocz kulki w kokosie, aż będą pokryte. Umieść na blasze do pieczenia i wstaw do lodówki, aby stwardniały. Przechowuj munchies w szklanym pojemniku

w lodówce.

34. Wiśnie w czekoladzie

Czas przygotowania: 1 ½ godz.
Czas gotowania: 5 minut
Porcje: 12

Składniki:

- 24 wiśnie z szypułkami (usunąć pestki lub wykorzystać suszone)
- 1 szklanka mlecznych kawałków czekolady
- 1 szklanka gorzkich kawałków czekolady
- ¼ szklanki oleju kokosowego

Wskazówki:

a) W naczyniu nadającym się do użycia w kuchence mikrofalowej podgrzej kawałki gorzkiej czekolady, kawałki mlecznej czekolady i olej kokosowy.
b) Podgrzewaj mieszankę przez 20 sekund i mieszaj na zmianę, aż się całkowicie rozpuści.
c) Upewnij się, że czekolada nie jest zbyt gorąca. Przykryj wiśnie czekoladą i pozwól, aby nadmiar czekolady spłynął. Połóż wiśnie na papierze wyłożonym woskiem.
d) Gdy wszystkie wiśnie będą gotowe, włóż je do lodówki na 1 godzinę

e) Jeśli chcesz, możesz dwukrotnie posmarować wiśnie (włożyć je ponownie do lodówki). Smacznego!

35. Neapolitański fudge

SKŁADNIKI
a) ½ szklanki zmiękczonego masła
b) 1/2 szklanki oleju kokosowego
c) 1/2 szklanki kwaśnej śmietany
d) 1/2 szklanki serka śmietankowego
e) 2 łyżki erytrytolu
f) 25 kropli płynnej stewii
g) 2 łyżki kakao w proszku
h) 1 łyżeczka ekstraktu waniliowego
i) 2 średnie truskawki

INSTRUKCJE
9. W misce wymieszaj masło, olej kokosowy, śmietanę, serek śmietankowy, erytrytol i płynną stewię.
10. Używając blendera ręcznego, zmiksuj składniki do uzyskania gładkiej mieszanki.
11. Podziel mieszankę na 3 różne miski. Dodaj kakao do jednej miski, truskawki do drugiej miski i wanilię do ostatniej miski.
12. Ponownie wymieszaj wszystkie składniki za pomocą blendera ręcznego. Oddziel mieszankę czekoladową do pojemnika z dzióbkiem.
13. Wlać mieszankę czekoladową do foremki na bombę tłuszczową. Włożyć do zamrażarki na 30 minut, a następnie powtórzyć z mieszanką waniliową.
14. Zamroź mieszankę waniliową na 30 minut, a następnie powtórz proces z mieszanką truskawkową. Zamroź ponownie na co najmniej 1 godzinę.
15. Gdy będą już całkowicie zamrożone, wyjmij je z foremek na bomby tłuszczowe.

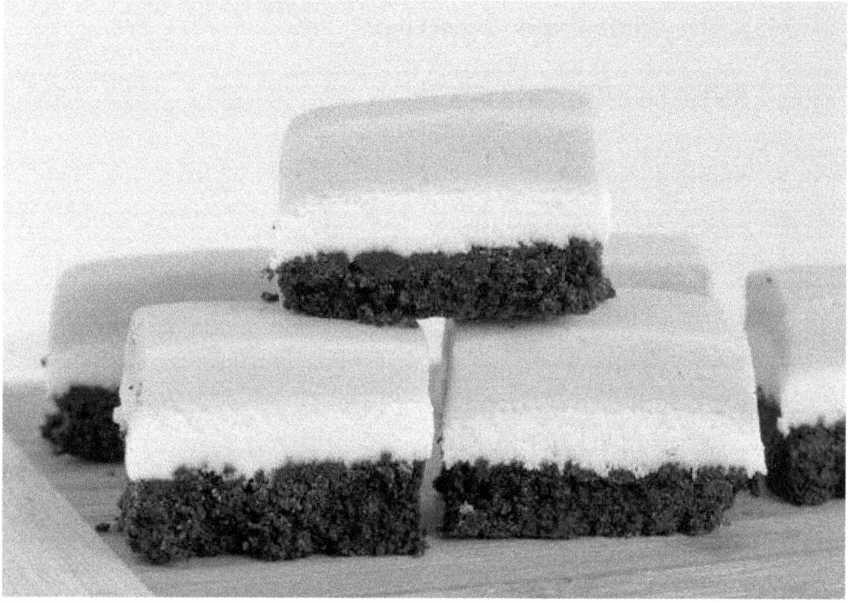

36. Kuleczki brokułowe z serem

SKŁADNIKI

Placki
- 250 g roztopionego masła
- 3/4 szklanki mąki migdałowej
- 1/4 szklanki + 3 łyżki stołowe mąki lnianej
- oz. Świeży Brokuł
- oz. sera mozzarella
- 2 duże jajka
- 2 łyżeczki proszku do pieczenia
- Sól i pieprz do smaku

INSTRUKCJE
- Dodaj brokuły do robota kuchennego i miksuj, aż brokuły zostaną rozdrobnione na małe kawałki. Chcesz, żeby były dobrze przetworzone.
- Wymieszaj ser, mąkę migdałową, masło, siemię lniane i proszek do pieczenia z brokułami. Jeśli chcesz dodać jakieś dodatkowe przyprawy (sól i pieprz), zrób to w tym momencie.
- Dodaj dwa jajka i dobrze wymieszaj, aż wszystkie składniki się połączą.
- Uformuj z ciasta kulki i obtocz je w mące lnianej.
- Powtórz czynność z resztą ciasta i odłóż na papierowe ręczniki.
- Rozgrzej frytkownicę do 375F. Ja używam tej frytkownicy. Gdy będzie gotowa, włóż brokuły i smażone placki serowe do koszyka, nie przepełniając go.
- Smaż placki na złoty kolor, około 3-5 minut. Po upieczeniu połóż je na papierowych ręcznikach, aby odsączyć nadmiar tłuszczu i dopraw do smaku.
- Możesz śmiało zrobić pikantny majonez z koperkiem i cytryną jako dip. Smacznego

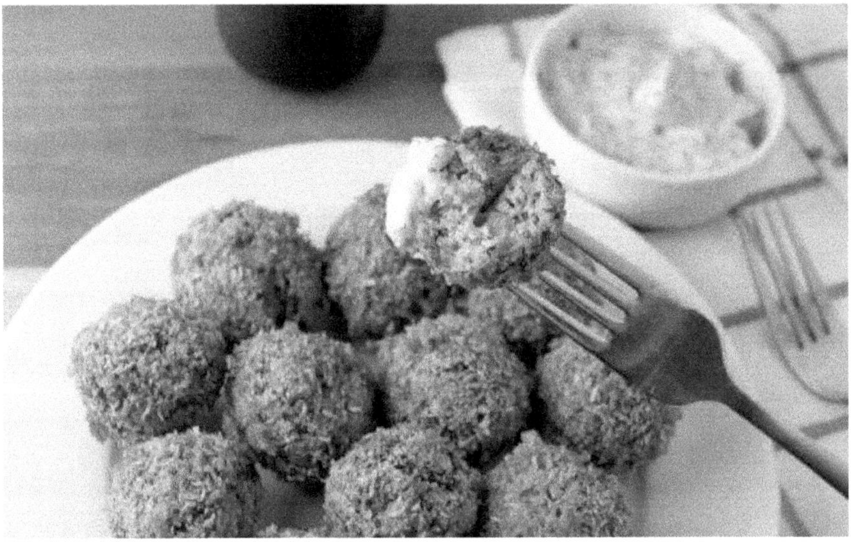

37. Wiśnie zanurzone w czekoladzie

Składniki:
- 1 szklanka ciemnych chipsów czekoladowych
- 1 szklanka mlecznych czekoladowych chipsów
- ¼ szklanki oleju kokosowego
- 24 wiśnie z ogonkami (umyte i wysuszone; jeśli używasz świeżych wiśni, pamiętaj o usunięciu ogonków!)

Wskazówki:
- Podgrzej mleczne chipsy czekoladowe, gorzkie chipsy czekoladowe i olej kokosowy w bezpiecznej misce mikrofalowej. Wyjmij i mieszaj co 20 sekund, aż się rozpuszczą. Czekolada powinna być ciepła, ale nie gorąca.
- Zanurz suszone wiśnie za ogonki w czekoladzie, po jednej na raz, pozwalając, aby nadmiar czekolady spłynął z powrotem do miski.
- Ułóż wiśnie na talerzu wyłożonym papierem woskowym, aby wyschły. Powtarzaj, aż wszystkie wiśnie będą ostudzone. Odłóż dodatkową czekoladę na bok
- Schłodź wiśnie w lodówce przez 1 godzinę.
- Podgrzej ponownie sos czekoladowy i wyjmij wiśnie z lodówki.
- Zanurz każdą wiśnię w sosie czekoladowym na sekundę. Włóż wiśnie z powrotem do lodówki, aby się schłodziły przez 1 godzinę przed podaniem.

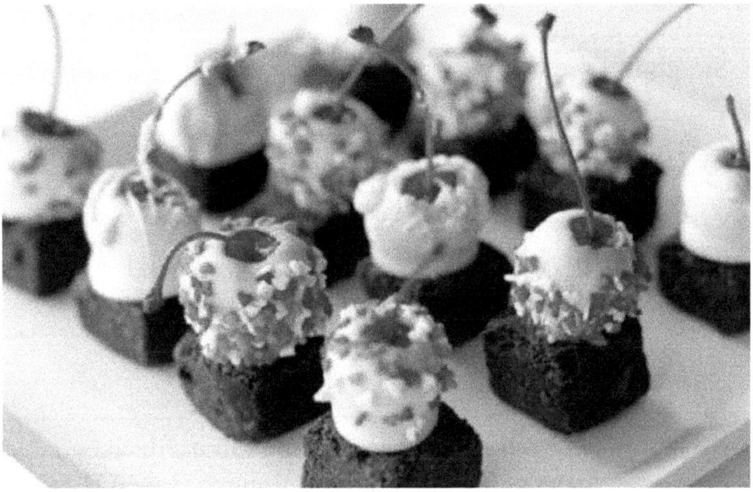

38. Miętowe kotleciki

Składniki:

- ½ szklanki jasnego syropu kukurydzianego
- 2 łyżeczki ekstraktu z mięty pieprzowej
- ½ szklanki zmiękczonego masła
- 2 krople barwnika spożywczego (opcjonalnie)
- 9 szklanek przesianego cukru pudru (około 2 funtów)

Wskazówki:

a) Użyj miski do wymieszania syropu kukurydzianego, ekstraktu z mięty pieprzowej i lekko roztopionego Baked Butter lub margaryny. Następnie dodaj cukier, po trochu, i wmieszaj go do mieszanki. Dodaj barwnik spożywczy w ilości pozwalającej uzyskać pożądany kolor i dobrze wymieszaj.
b) Uformuj z tej mieszanki małe kulki. Umieść je w odległości kilku cali od siebie na blasze do pieczenia wyłożonej papierem woskowym. Użyj widelca, aby spłaszczyć każdą kulkę.
c) Pozostaw miętowe kotleciki w lodówce na kilka godzin. Wyjmij kotleciki z lodówki i pozostaw w temperaturze pokojowej na kilka dni, aby wyschły.

d) Po kilku dniach, gdy kotlety wyschną, przełóż je do pojemnika z szczelną pokrywką i przechowuj w lodówce.

39. Kulki kokosowo-piankowe

Składniki:

- 2 uncje masła
- 2 łyżki kakao
- 3 łyżki mleka skondensowanego
- 2 uncje brązowego cukru
- 1/8 uncji drobno zmielonego haszyszu lub wysokiej jakości konopi
- 6 uncji suszonych orzechów kukurydzianych
- 5 uncji małych białych pianek marshmallow

Wskazówki:

a) Po rozpuszczeniu masła na patelni, wymieszaj z kakao, mlekiem, cukrem i haszyszem. Podgrzewaj dalej, mieszając od czasu do czasu, aż składniki się rozpuszczą. Uważaj, żeby nie zagotować.
b) Zdejmij z ognia i dodaj większość kokosa, zostawiając tylko tyle, ile potrzeba na ostateczne zamarynowanie. Teraz podziel mieszankę na 15 kulek o podobnej wielkości, a następnie spłaszcz je na tyle, aby można było owinąć piankę.
c) Gdy pianka będzie już w środku, obtocz ją w pozostałych wiórkach kokosowych, aż do uzyskania gęstej polewy.
d) Zalecamy spożywanie nie więcej niż 1-2 porcji na osobę, bez względu na ich smak.

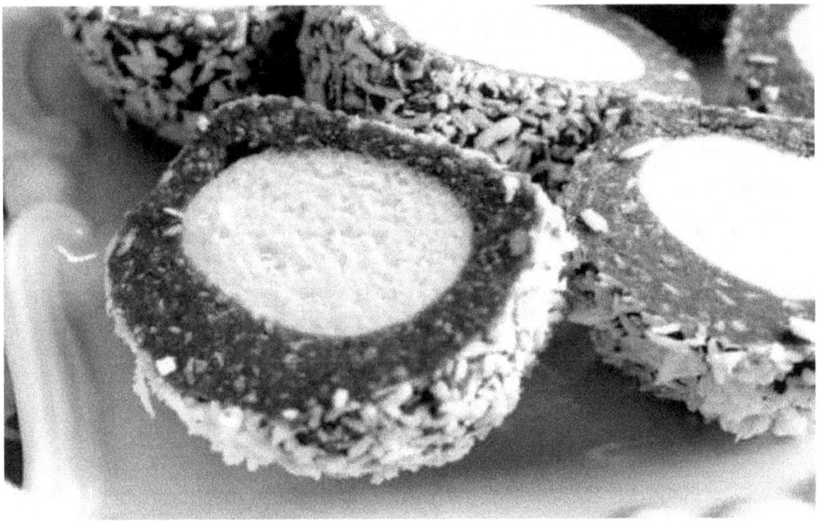

40. Kulki z masłem orzechowym

Wydajność: 15 Goo Balls

Składniki:

a) 250 g roztopionego masła
b) 225 g płatków owsianych
c) 250 g masła orzechowego
d) 3 łyżki miodu
e) 2 łyżki mielonego cynamonu
f) 2 łyżki kakao w proszku

Wskazówki:

a) Umieść wszystkie składniki w jednej dużej misce i mieszaj, aż wszystkie składniki się połączą.
b) Umieść mieszankę w zamrażarce i pozostaw na 10–20 minut.
c) Uformuj z mieszanki pojedyncze kulki o preferowanym rozmiarze. Następnie upuść ją na papier woskowy, aby stężała.
d) Niektórzy wolą dodawać inne składniki, takie jak siekane orzechy włoskie, rodzynki, chrupki ryżowe lub płatki owsiane, po prostu w ramach eksperymentu.
e) Można dodać więcej owsa, jeśli efekt końcowy okaże się zbyt lepki i kleisty, lub dodać więcej miodu lub masła orzechowego, jeśli okaże się zbyt suchy. Chodzi o kreatywność i dodanie własnego akcentu do tego przysmaku.
f) Gdy już to zrobisz, możesz podać ten pyszny przysmak, który możesz zjeść na deser, przekąskę lub po prostu o każdej porze dnia, kiedy tylko masz ochotę na coś jadalnego.
g) Cieszyć się!

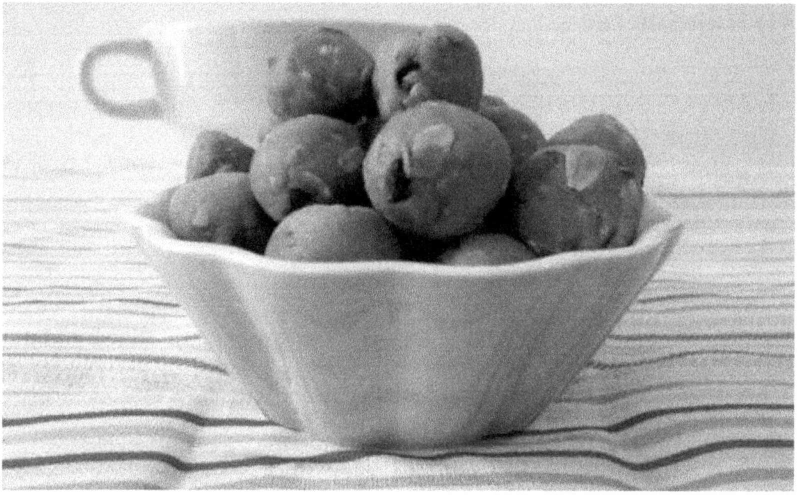

41. Kule śnieżne

Czas przygotowania: 1 ½ godz.
Czas gotowania: 20-25 minut
Porcje: 12

Składniki:

8. 1 szklanka masła, zmiękczonego
9. 1/4 szklanki cukru
10. 1 łyżeczka czystego ekstraktu waniliowego
11. 2 szklanki mąki uniwersalnej
12. 2 łyżki mąki kukurydzianej
13. 1 szklanka niesolonych prażonych migdałów, drobno posiekanych
14. 1/4 łyżeczki soli
15. 1 szklanka cukru pudru do posypania

Wskazówki:

- Używając miksera stojącego lub ręcznego, ubij masło z 1/4 szklanki cukru, aż będzie kremowe. Dodaj ekstrakt waniliowy. Delikatnie ubijaj mąkę, skrobię kukurydzianą, prażone migdały i sól, aż dobrze się połączą. Zawiń w folię spożywczą i wstaw do lodówki na godzinę. Rozgrzej piekarnik do 325°. Wyjmij schłodzone ciasto z lodówki i weź około łyżki ciasta, a następnie uformuj je w kulkę o średnicy 1 cala.
- Ułóż kulki na blasze do pieczenia w odstępach około 2,5 cm. Piecz ciasteczka na środkowej półce piekarnika przez 20 minut lub do momentu, aż będą złote i gotowe. Napełnij płytką miskę 1 szklanką przesianego cukru pudru. Ostudź przez około 5 minut, a gdy będą wystarczająco chłodne, aby je dotknąć, obtocz ciasteczka w cukrze pudrze i odstaw na wyłożoną papierem pergaminowym kratkę do całkowitego ostygnięcia. Gdy ostygną, ponownie oprósz cukrem pudrem i przechowuj w szczelnym pojemniku.

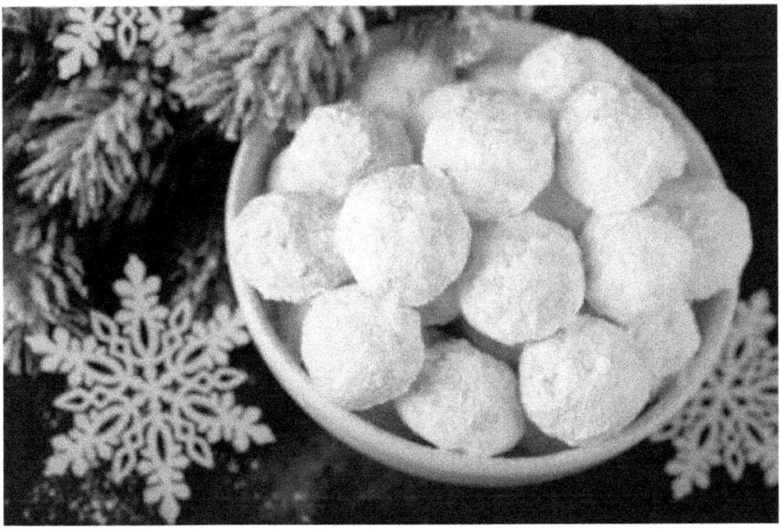

DESEROWE BOMBY TŁUSZCZOWE

- **Neapolitańskie bomby tłuszczowe**

SKŁADNIKI

- 1/2 szklanki masła
- 1/2 szklanki oleju kokosowego
- 1/2 szklanki kwaśnej śmietany
- 1/2 szklanki serka śmietankowego
- 2 łyżki erytrytolu
- 25 kropli płynnej stewii
- 2 łyżki kakao w proszku
- 1 łyżeczka ekstraktu waniliowego
- 2 średnie truskawki

INSTRUKCJE

- W misce wymieszaj masło, olej kokosowy, śmietanę, serek śmietankowy, erytrytol i płynną stewię.
- Używając blendera ręcznego, zmiksuj składniki do uzyskania gładkiej mieszanki.
- Podziel mieszankę na 3 różne miski. Dodaj kakao do jednej miski, truskawki do drugiej miski i wanilię do ostatniej miski.
- Ponownie wymieszaj wszystkie składniki za pomocą blendera ręcznego. Oddziel mieszankę czekoladową do pojemnika z dzióbkiem.
- Wlać mieszankę czekoladową do foremki na bombę tłuszczową. Włożyć do zamrażarki na 30 minut, a następnie powtórzyć z mieszanką waniliową.
- Zamroź mieszankę waniliową na 30 minut, a następnie powtórz proces z mieszanką truskawkową. Zamroź ponownie na co najmniej 1 godzinę.
- Gdy będą już całkowicie zamrożone, wyjmij je z foremek na bomby tłuszczowe.

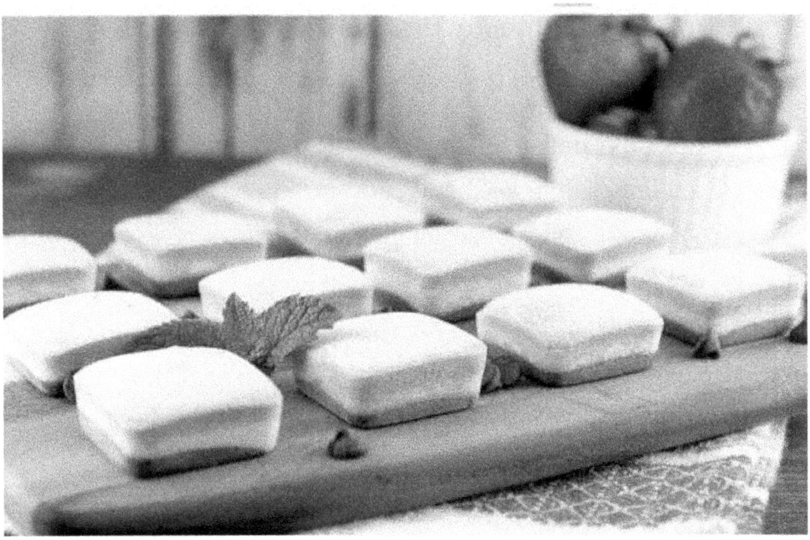

- **Popsiki z klonem i boczkiem**

  SKŁADNIKI
1. 2 łyżki masła kokosowego
2. Cake Pops z klonem i bekonem
3. 6 uncji boczku wiejskiego Burgers' Smokehouse
4. 5 dużych jajek, oddzielonych
5. 1/4 szklanki syropu klonowego
6. 1/2 łyżeczki ekstraktu waniliowego
7. 1/4 szklanki erytrytolu
8. 1/4 łyżeczki płynnej stewii
9. 1 szklanka mąki migdałowej Honeyville
10. 2 łyżki łusek babki płesznik w proszku
11. 1 łyżeczka proszku do pieczenia
12. 1/2 łyżeczki kremu winnego
13. Polewa z solonego karmelu 5 łyżek masła
14. 5 łyżek śmietany kremówki
15. 2 1/2 łyżki Torani Sugar Free Salted Caramel

    INSTRUKCJE
1. Pokrój 6-uncjowy boczek Burgers' Smokehouse Country Bacon na małe kawałki wielkości kęsa.
2. W tym celu zazwyczaj pomocne jest zamrożenie boczku na 30 minut przed zabiegiem lub użycie nożyczek.
3. Rozgrzej patelnię do średnio-wysokiego ognia i smaż boczek, aż będzie chrupiący.
4. Gdy bekon będzie chrupiący, wyjmij go z patelni i osusz na papierowych ręcznikach. Zachowaj nadmiar tłuszczu z bekonu, aby podsmażyć w nim warzywa lub inne rodzaje mięsa.
5. Rozgrzej piekarnik do 325F. W 2 oddzielnych miskach oddziel żółtka od białek z 5 dużych jaj.
6. Do miski z żółtkami dodaj 1/4 szklanki syropu klonowego, 1/4 szklanki erytrolu, 1/4 łyżeczki płynnej stewii i 1/2 łyżeczki ekstraktu waniliowego.

7. Używając miksera ręcznego, mieszaj przez około 2 minuty. Żółtka jaj powinny stać się jaśniejsze.
8. Dodaj 1 szklankę mąki migdałowej Honeyville, 2 łyżki łusek babki płesznik, 2 łyżki masła kokosowego i 1 łyżeczkę proszku do pieczenia.
9. Mieszaj ponownie, aż powstanie gęste ciasto.
10. Umyj trzepaczki miksera ręcznego w zlewie, aby mieć pewność, że zmyjesz z nich wszelkie ślady tłuszczu.
11. Dodaj 1/2 łyżeczki kamienia winnego do białek.
12. Ubij białka mikserem ręcznym, aż do uzyskania sztywnej piany.
13. Dodaj 2/3 chrupiącego boczku do ciasta na cake pops.
14. Dodaj około 1/3 białek do ciasta i energicznie wymieszaj.

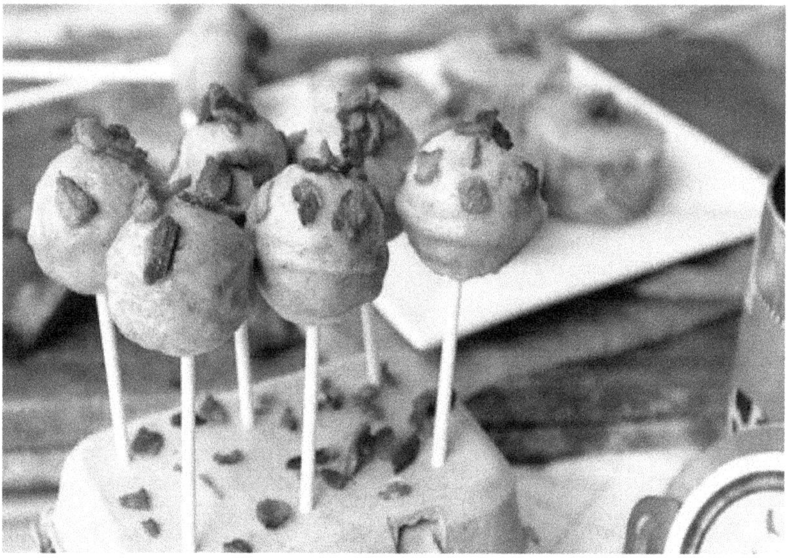

a) Bomby tłuszczowe z kokosem i pomarańczą

SKŁADNIKI

a) 1/2 szklanki oleju kokosowego
b) 1/2 szklanki śmietanki kremówki
c) 4 uncje serka śmietankowego
d) 1 łyżeczka pomarańczy waniliowej Mio
e) Krople płynnej stewii

INSTRUKCJE

1. Odmierz ilość oleju kokosowego, śmietanki kremówki i serka śmietankowego.
2. Użyj blendera ręcznego, aby zmiksować wszystkie składniki. Jeśli masz trudności z miksowaniem składników, możesz je podgrzać w mikrofalówce przez 30 sekund do 1 minuty, aby zmiękły.
3. Dodaj do mieszanki Orange Vanilla Mio oraz płynną stewię i wymieszaj łyżką.
4. Przełóż mieszankę do silikonowej foremki (moja ma niesamowitą foremkę do lodu Avenger) i zamroź na 2–3 godziny.
5. Po stwardnieniu wyjmij z silikonowej foremki i przechowuj w zamrażarce. Smacznego!

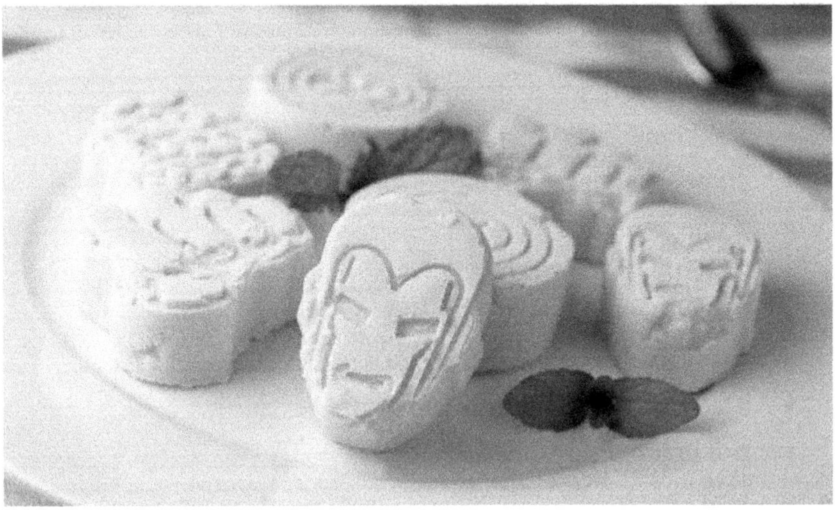

a) Bomby jalapeno

SKŁADNIKI
- 1 szklanka masła, zmiękczonego
- 3 uncje serka śmietankowego
- 3 plasterki boczku
- 1 średnia papryczka jalapeno
- 1/2 łyżeczki suszonej pietruszki
- 1/4 łyżeczki proszku cebulowego
- 1/4 łyżeczki czosnku w proszku
- Sól i pieprz do smaku

INSTRUKCJE
- Podsmaż na patelni 3 plasterki boczku, aż będą chrupiące.
- Wyjmij boczek z patelni, ale zachowaj pozostały tłuszcz do późniejszego wykorzystania.
- Poczekaj, aż boczek ostygnie i stanie się chrupiący.
- Usuń pestki z papryczki jalapeno i pokrój ją w drobną kostkę.
- Połącz serek śmietankowy, masło, jalapeno i przyprawy. Dopraw solą i pieprzem do smaku.
- Dodaj tłuszcz z boczku i mieszaj, aż powstanie jednolita mieszanka.
- Rozdrobnij boczek i połóż na talerzu. Za pomocą dłoni uformuj kulki z mieszanki serka śmietankowego, a następnie obtocz kulkę w boczku.

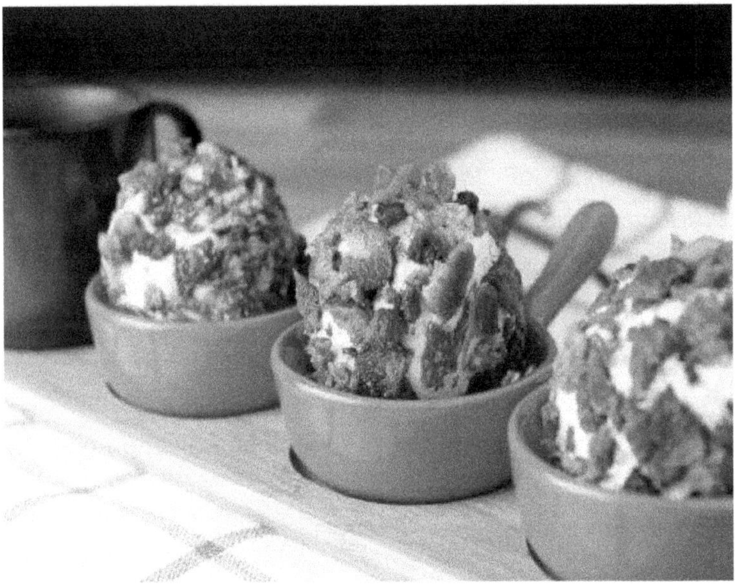

1. Bomby tłuszczowe z pizzy

SKŁADNIKI

- 4 uncje serka śmietankowego
- plasterki pepperoni
- oliwki czarne bez pestek
- 2 łyżki pesto z suszonych pomidorów

INSTRUKCJE

a) Pokrój pepperoni i oliwki w drobną kostkę.
b) Wymieszaj bazylię, pesto pomidorowe i serek śmietankowy.
c) Dodaj oliwki i pepperoni do serka śmietankowego i ponownie wymieszaj.
d) Uformuj kulki, a następnie udekoruj pepperoni, bazylią i oliwkami.

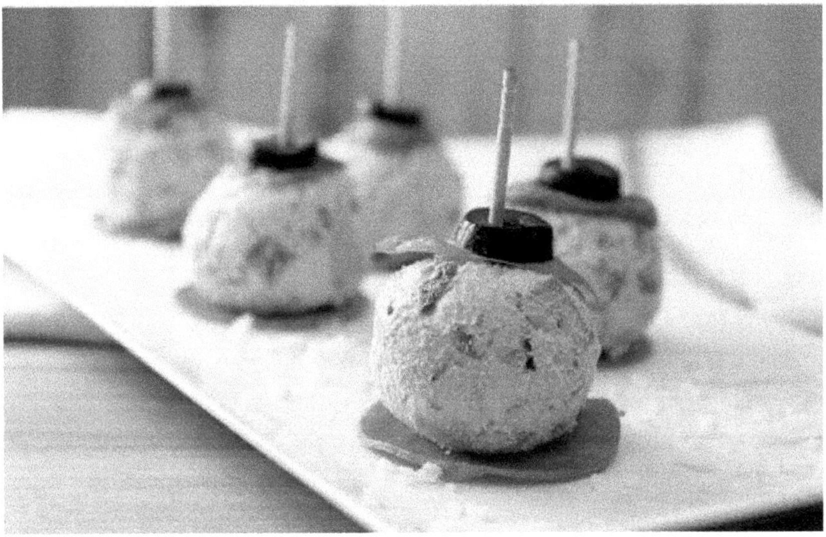

2. Bomby tłuszczowe z masłem orzechowym

SKŁADNIKI
- 1/2 SZKLANKI oleju kokosowego
- 1/4 szklanki kakao w proszku
- łyżka stołowa proszku PB Fit
- łyżka. Łuskane nasiona konopi
- 2 łyżki śmietanki kremówki
- 1 łyżeczka ekstraktu waniliowego
- 28 kropli płynnej stewii
- 1/4 szklanki niesłodzonego wiórka kokosowego

INSTRUKCJE
1. Wymieszaj wszystkie suche składniki z olejem kokosowym. Może to trochę potrwać, ale ostatecznie zamieni się w pastę.
2. Dodaj śmietanę kremówkę, wanilię i płynną stewię. Mieszaj ponownie, aż wszystko się połączy i będzie lekko kremowe.
3. Odmierz porcję niesłodzonego wiórka kokosowego i rozłóż ją na talerzu.

4. Rozwałkuj kulki ręką, a następnie obtocz je w niesłodzonym wiórku kokosowym. Połóż na blasze do pieczenia wyłożonej papierem pergaminowym. Wstaw do zamrażarki na około 20 minut.

- **Batony tłuszczowe z orzechami pekan i klonem**

    SKŁADNIKI

    a) 2 szklanki połówek orzechów pekan
    b) 1 szklanka mąki migdałowej
    c) 1/2 szklanki mąki lnianej złotej
    d) 1/2 szklanki niesłodzonego wiórka kokosowego
    e) 1/2 szklanki oleju kokosowego
    f) 1/4 szklanki „syropu klonowego"
    g) 1/4 łyżeczki płynnej stewii (~25 kropli)

    INSTRUKCJE

    1. Odmierz 2 szklanki połówek orzechów pekan i piecz przez 6-8 minut w piekarniku w temperaturze 350F. Dokładnie tyle, aby zaczęły nabierać aromatu.
    2. Wyjmij orzechy pekan z piekarnika, a następnie włóż je do plastikowego woreczka. Użyj wałka do ciasta, aby rozdrobnić je na kawałki. Nie ma większego znaczenia, jaka będzie konsystencja,
    3. Wymieszaj suche składniki w misce: 1 szklankę mąki migdałowej, 1/2 szklanki mąki lnianej i 1/2 szklanki niesłodzonych wiórków kokosowych.
    4. Dodaj pokruszone orzechy pekan do miski i ponownie wymieszaj.
    5. Na koniec dodaj 1/2 szklanki oleju kokosowego, 1/4 szklanki „syropu klonowego" (przepis tutaj) i 1/4 łyżeczki płynnej stewii. Wymieszaj wszystko razem dobrze, aż powstanie kruszące się ciasto.
    6. Włóż ciasto do naczynia żaroodpornego. Ja używam naczynia do pieczenia o wymiarach 11×7.
    7. Piec przez 20–25 minut w temperaturze 175°C, lub do momentu, aż brzegi lekko się zrumienią.

8. Wyjmij z piekarnika, odstaw do częściowego ostygnięcia i włóż do lodówki na co najmniej 1 godzinę (aby można było je czysto pokroić).
9. Pokrój na 12 plastrów i usuń za pomocą szpatułki.

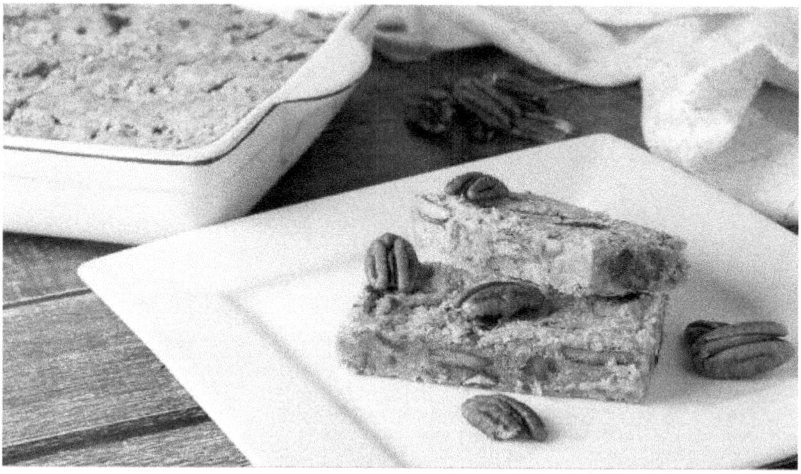

- **Serowe bomby z bekonem**

SKŁADNIKI
- 3 uncje sera mozzarella
- łyżka mąki migdałowej
- łyżka masła roztopionego
- 3 łyżki łusek babki płesznik w proszku
- 1 duże jajko
- 1/4 łyżeczki soli
- 1/4 łyżeczki świeżo zmielonego czarnego pieprzu
- 1/8 łyżeczki czosnku w proszku
- 1/8 łyżeczki proszku cebulowego
- Plasterki boczku
- 1 szklanka oleju, smalcu lub łoju (do smażenia)

INSTRUKCJE
1. Dodaj do miski 4 uncje (połówkę) sera mozzarella.
2. Podgrzewaj w kuchence mikrofalowej 4 łyżki masła przez 15–20 sekund lub do momentu całkowitego roztopienia się.
3. Podgrzewaj ser w kuchence mikrofalowej przez 45–60 sekund, aż się rozpuści i stanie się lepki (powinien być
4. Dodaj do mieszanki 1 jajko i masło i dobrze wymieszaj.
5. Dodaj 4 łyżki mąki migdałowej, 3 łyżki łusek babki płesznik i resztę przypraw do mieszanki (1/4 łyżeczki soli, 1/4 łyżeczki świeżo zmielonego czarnego pieprzu, 1/8 łyżeczki czosnku w proszku i 1/8 łyżeczki cebuli w proszku).
6. Wymieszaj wszystko razem i wylej na silpat. Rozwałkuj ciasto lub rękoma uformuj ciasto w prostokąt.
7. Resztę sera rozłóż na połowie ciasta i złóż ciasto wzdłuż.
8. Złóż ciasto jeszcze raz pionowo, tak aby uzyskać kwadratowy kształt.

9. Zaciśnij brzegi palcami i dociśnij ciasto do prostokąta. Nadzienie powinno być ciasne w środku.
10. Za pomocą noża pokrój ciasto na 20 kwadratów.
11. Przekrój każdy plaster boczku na pół i połóż kwadrat na końcu jednego plastra boczku.
12. Zwiń ciasto w boczek ciasno, aż końce będą na siebie zachodzić. Możesz „rozciągnąć" boczek, jeśli będzie to konieczne, przed zwinięciem.
13. Po zwinięciu bekonu zabezpiecz go wykałaczką.
14. Zrób to z każdym kawałkiem ciasta, który masz. Na koniec będziesz mieć 20 serowych bomb z bekonem.
15. Rozgrzej olej, smalec lub łój do temperatury 175–190°C, a następnie smaż boczek z serem po 3 lub 4 kawałki na raz.

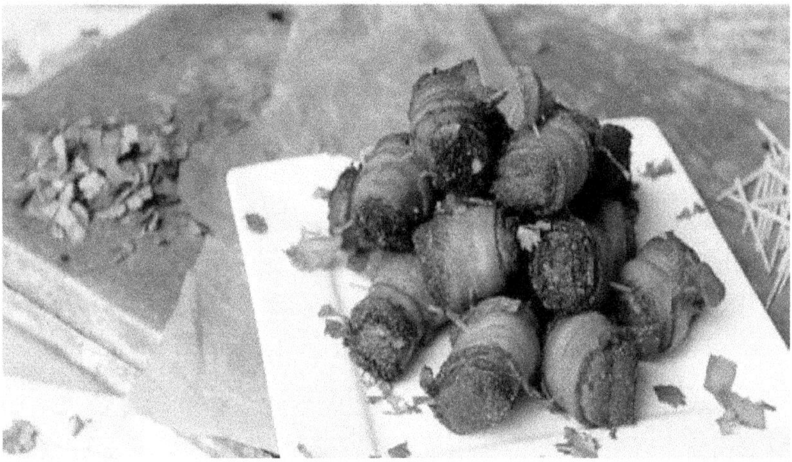

- **Karmelowy bekon Fat Pop**

  SKŁADNIKI
- Cake Pops z klonem i bekonem
- 6 uncji boczku wiejskiego Burgers' Smokehouse
- 5 dużych jajek, oddzielnie 1/4 szklanki syropu klonowego (przepis tutaj)
- 1/2 łyżeczki ekstraktu waniliowego 1/4 szklanki erytrytolu NOW 1/4 łyżeczki płynnej stewii
- 1 szklanka mąki migdałowej Honeyville
- 2 łyżki łusek babki płesznik w proszku
- 1 łyżeczka proszku do pieczenia
- 2 łyżki masła
- 1/2 łyżeczki kremu winnego
- Polewa z solonego karmelu 5 łyżek masła
- 5 łyżek śmietany kremówki
- 2 1/2 łyżki Torani Sugar Free Salted Caramel

  INSTRUKCJE

a) Pokrój 6-uncjowy boczek Burgers' Smokehouse Country Bacon na małe kawałki wielkości kęsa.
b) W tym celu zazwyczaj pomocne jest zamrożenie boczku na 30 minut przed zabiegiem lub użycie nożyczek.
c) Rozgrzej patelnię do średnio-wysokiego ognia i smaż boczek, aż będzie chrupiący.
d) Gdy bekon będzie chrupiący, wyjmij go z patelni i osusz na papierowych ręcznikach. Zachowaj nadmiar tłuszczu z bekonu, aby podsmażyć w nim warzywa lub inne rodzaje mięsa.
e) Rozgrzej piekarnik do 325F. W 2 oddzielnych miskach oddziel żółtka od białek z 5 dużych jaj.
f) Do miski z żółtkami dodaj 1/4 szklanki syropu klonowego (przepis tutaj), 1/4 szklanki erytrolu, 1/4 łyżeczki płynnej stewii i 1/2 łyżeczki ekstraktu waniliowego.

g) Używając miksera ręcznego, mieszaj przez około 2 minuty. Żółtka jaj powinny stać się jaśniejsze.
h) Dodaj 1 szklankę mąki migdałowej Honeyville, 2 łyżki łusek babki płesznik, 2 łyżki masła i 1 łyżeczkę proszku do pieczenia.
i) Mieszaj ponownie, aż powstanie gęste ciasto.
j) Umyj trzepaczki miksera ręcznego w zlewie, aby mieć pewność, że zmyjesz z nich wszelkie ślady tłuszczu.
k) Dodaj 1/2 łyżeczki kamienia winnego do białek.
l) Ubij białka mikserem ręcznym, aż do uzyskania sztywnej piany.
m) Dodaj 2/3 chrupiącego boczku do ciasta na cake pops.
n) Dodaj około 1/3 białek do ciasta i energicznie wymieszaj.
o)

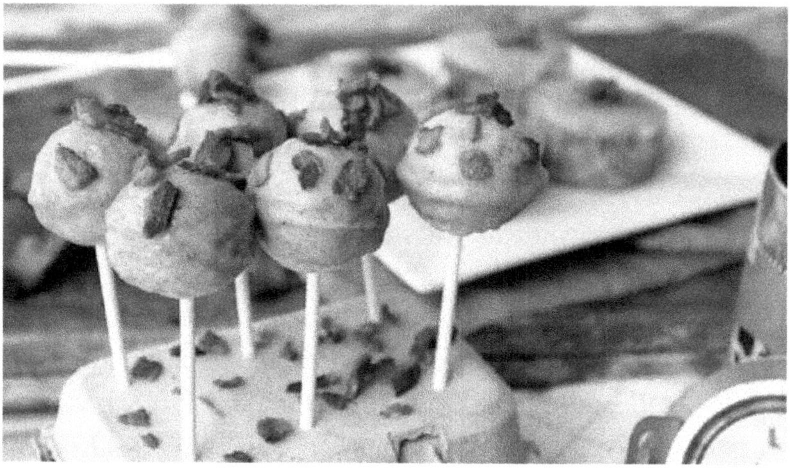

3. Batony z solonym karmelem i orzechami nerkowca

Składniki:
- 2 szklanki mąki uniwersalnej
- ½ łyżeczki proszku do pieczenia
- ½ łyżeczki soli
- 12 łyżek masła w temperaturze pokojowej
- 6 łyżek niesolonego masła pokrojonego na kawałki
- 1 szklanka jasnobrązowego cukru, mocno ubitego
- 1 duże jajko
- 3 łyżeczki ekstraktu waniliowego
- 1½ szklanki cukru granulowanego
- 1 szklanka śmietanki kremówki
- 2 szklanki solonych, prażonych orzechów nerkowca

p) Rozgrzej piekarnik do 340°F (171°C). Wyłóż blachę do pieczenia o wymiarach 9×13 cali (23×33 cm) papierem pergaminowym i odstaw. W małej misce wymieszaj mąkę uniwersalną, proszek do pieczenia i ¼ łyżeczki soli. Odstaw.

q) W średniej misce wymieszaj 6 łyżek masła, niesolone masło i jasnobrązowy cukier mikserem elektrycznym na średniej prędkości przez 5 minut, aż masa będzie lekka i puszysta. Dodaj jajko i 1 łyżeczkę ekstraktu waniliowego i ubijaj przez 2 minuty na niskiej prędkości, aż się połączą.

r) Dodaj mieszankę mąki i ubijaj na średniej prędkości przez 2 do 3 minut. Wciśnij mieszankę na spód do przygotowanej formy. Schłódź przez 30 minut.

s) Na średniej patelni z powłoką zapobiegającą przywieraniu na średnim ogniu podgrzej cukier granulowany. Gdy zobaczysz, że cukier zaczyna się zabarwiać, mieszaj, aż stanie się jasnobrązowy, około 5 do 7 minut. Ostrożnie dodaj śmietanę kremówkę i mieszaj, aż będzie gładka.

t) Zmniejsz ogień do niskiego i dodaj pozostałe 6 łyżek masła, pozostałe 2 łyżeczki ekstraktu waniliowego i pozostałą ¼ łyżeczki soli. Mieszaj, aż masło się rozpuści i zdejmij z ognia.

u) Wymieszaj orzechy nerkowca z karmelową mieszanką. Wlej karmelowo-nerkowcową mieszankę do formy na schłodzoną skorupę. Piecz przez 20 minut, aż stężeje. Pozostaw do całkowitego ostygnięcia przed pokrojeniem.

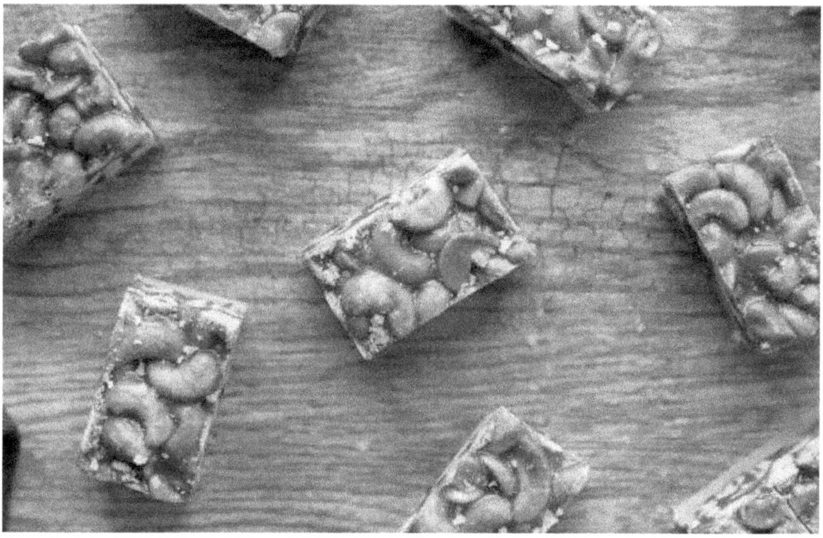

4. Karmelki pistacjowe

Składniki:
- ½ szklanki masła
- 2 szklanki ciemnego brązowego cukru, mocno ubitego
- ½ szklanki ciemnego syropu kukurydzianego
- 2 szklanki śmietanki kremówki
- ¼ łyżeczki soli
- 1 szklanka posiekanych pistacji, uprażonych
- 2 łyżeczki ekstraktu waniliowego

Wskazówki
h) Wyłóż folią aluminiową kwadratową patelnię o wymiarach 20 cm (8 cali), spryskaj sprayem zapobiegającym przywieraniu i odstaw.
i) W średnim rondlu na małym ogniu rozpuść masło. Dodaj ciemny brązowy cukier, ciemny syrop kukurydziany, 1 szklankę śmietany kremówki i sól. Doprowadź do wrzenia, mieszając od czasu do czasu, przez 12 do 15 minut lub do momentu, aż mieszanina osiągnie 225°F (110°C) na cukierniczym termometrze.
j) Powoli dodaj pozostałą 1 szklankę śmietany kremówki. Doprowadź mieszankę do wrzenia i gotuj przez kolejne 15 minut lub do momentu osiągnięcia temperatury 250°F (120°C). Zdejmij z ognia i dodaj pistacje i ekstrakt waniliowy. Wlej do przygotowanej patelni.
k) Odstawić do ostygnięcia na co najmniej 3 godziny, zanim wyjmiemy ciasto z folii i pokroimy na 48 kawałków.
l) Pokrój papier woskowy na 48 kwadratów o wymiarach 7,5 cm (3 cale). Umieść każdy karmel w środku kwadratu papieru woskowego, zwiń papier wokół karmelu i skręć końce papieru.

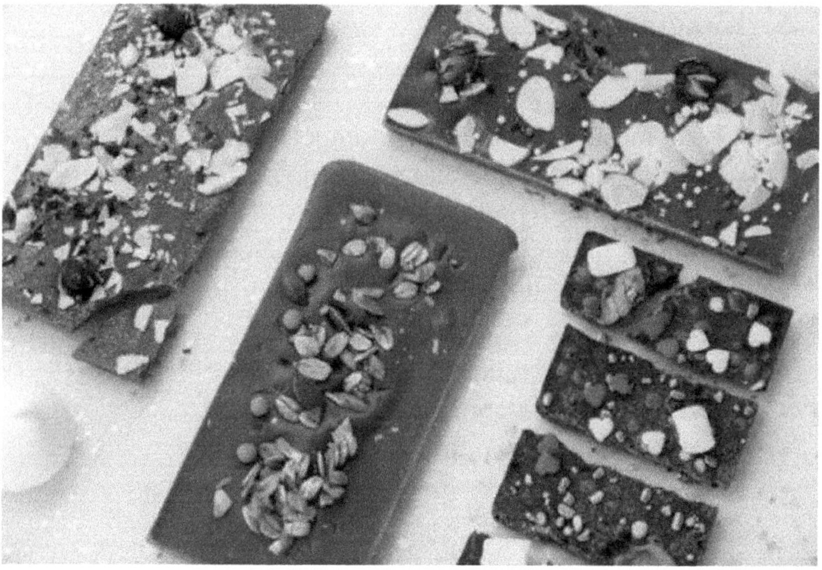

5. Kwadraty limonki

Składniki:
- 4 łyżki masła niesolonego, w temperaturze pokojowej
- 4 łyżki masła w temperaturze pokojowej
- ½ szklanki cukru pudru
- 2 szklanki plus 5 łyżek mąki uniwersalnej
- 1 łyżeczka ekstraktu waniliowego
- Szczypta soli
- 4 duże jajka, lekko ubite
- 1¾ szklanki cukru granulowanego
- ¼ szklanki soku z limonki
- 1 łyżka startej skórki z limonki

Wskazówki
15. Rozgrzej piekarnik do 340°F (171°C). Lekko posmaruj nieprzywierającą powłoką patelnię do pieczenia o wymiarach 9×13 cali (23×33 cm) i odstaw.
16. W dużej misce ubij niesolone masło, masło i cukier puder mikserem na średniej prędkości przez 3 do 4 minut lub do momentu uzyskania lekkiej i puszystej masy.
17. Dodaj mąkę pszenną, ekstrakt waniliowy i sól i mieszaj przez kolejne 2–3 minuty lub do dokładnego połączenia się składników.
18. Wciśnij ciasto na dno przygotowanej formy. Piecz przez 20 do 23 minut, aż do uzyskania jasnozłotego koloru. Pozostaw spód do ostygnięcia na 10 minut.
19. W dużej misce ubij jajka i cukier granulowany. Dodaj sok z limonki Key i skórkę z limonki i dobrze ubij.
20. Wlać mieszankę na schłodzone ciasto i piec przez 23 do 25 minut lub do momentu stężenia. Całkowicie ostudzić przed pokrojeniem na 12 kwadratów.
21. Przechowywanie: Przechowywać w lodówce szczelnie owinięte w folię spożywczą przez maksymalnie 5 dni.

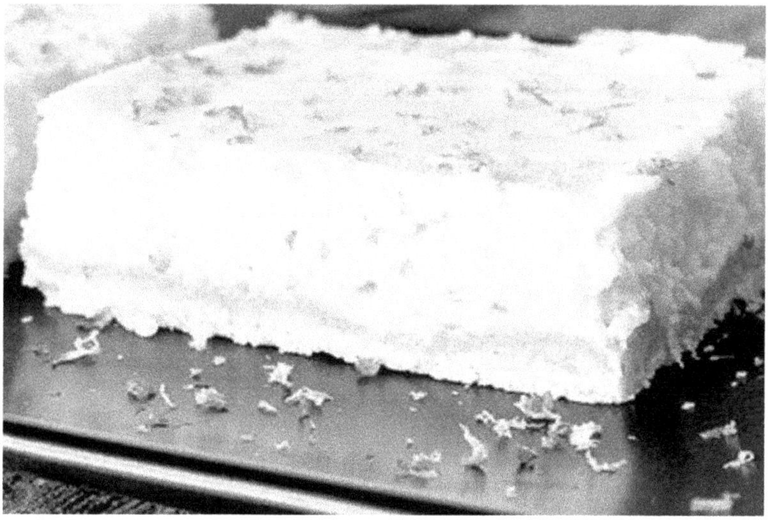

6. Białe czekoladowe kąski granoli

Składniki:
- 1½ szklanki granoli
- 3 łyżki masła, roztopionego
- 2 szklanki białej czekolady do roztopienia

Wskazówki
6. Rozgrzej piekarnik do 250°F (120°C). Na blasze do pieczenia z rantem wymieszaj granolę i 2 łyżki masła. Włóż blachę do pieczenia do piekarnika na 5 minut.
7. Wyjmij blachę do pieczenia i mieszaj, aż granola całkowicie wymiesza się z masłem. Włóż blachę do pieczenia z powrotem do piekarnika na 15 minut, mieszając co 5 minut. Wyjmij z piekarnika i pozwól granoli całkowicie ostygnąć.
8. W kąpieli wodnej na średnim ogniu połącz białą czekoladę i pozostałą 1 łyżkę masła. Mieszaj przez 5 do 7 minut lub do momentu, aż biała czekolada całkowicie się rozpuści i dokładnie połączy z masłem. Zdejmij z ognia.
9. Wymieszaj schłodzoną granolę z białą czekoladą. Nakładaj czubatymi łyżkami na papier pergaminowy i pozostaw do całkowitego ostygnięcia przed podaniem.
10. Przechowywanie: Przechowywać w szczelnym pojemniku w temperaturze pokojowej przez okres do 1 tygodnia.

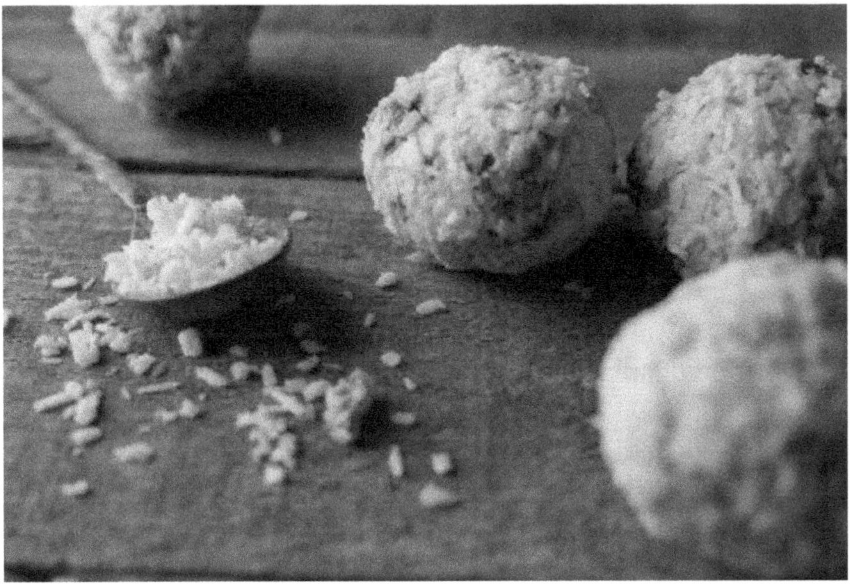

7. Kwadraty toffi z kandyzowanym bekonem

Składniki:
- 8 plasterków boczku
- ¼ szklanki jasnobrązowego cukru, mocno ubitego
- 8 łyżek masła, zmiękczonego
- 2 łyżki masła niesolonego, zmiękczonego
- ⅓ szklanki ciemnego brązowego cukru, mocno ubitego
- ⅓ szklanki cukru pudru
- 1½ szklanki mąki uniwersalnej
- ½ łyżeczki soli
- ½ szklanki kawałków toffi
- 1 szklanka gorzkich kawałków czekolady
- ⅓ szklanki posiekanych migdałów

Wskazówki
6. Rozgrzej piekarnik do 350°F (180°C). W średniej misce wymieszaj boczek i jasnobrązowy cukier, ułóż w jednej warstwie na blasze do pieczenia.
7. Piecz przez 20 do 25 minut lub do momentu, aż bekon będzie złoty i chrupiący. Wyjmij z piekarnika i pozostaw do ostygnięcia na 15 do 20 minut. Pokrój na małe kawałki.
8. Zmniejsz temperaturę piekarnika do 340°F (171°C). Wyłóż blachę do pieczenia o wymiarach 9×13 cali (23×33 cm) folią aluminiową, spryskaj nieprzywierającym sprayem do gotowania i odstaw.
9. W dużej misce wymieszaj masło, niesolone masło, ciemnobrązowy cukier i cukier puder mikserem elektrycznym na średniej prędkości, aż masa będzie lekka i puszysta. Stopniowo dodawaj mąkę uniwersalną i sól, mieszając, aż się połączą. Wymieszaj z ¼ szklanki kawałków toffi, aż będą równomiernie rozłożone.
10. Włóż ciasto do przygotowanej formy i piecz przez 25 minut lub do uzyskania złotego koloru. Wyjmij z piekarnika, posyp kawałkami gorzkiej czekolady i odstaw na 3 minuty lub do momentu zmięknięcia kawałków.

11. Rozłóż równomiernie zmiękczoną czekoladę na wierzchu i posyp migdałami, kandyzowanym boczkiem i pozostałą ¼ szklanki kawałków toffi. Pozostaw do ostygnięcia na 2 godziny lub do momentu, aż czekolada stężeje. Pokrój na 16 kwadratów o wymiarach 2 cali (5 cm).
12. Przechowywanie: Przechowywać w szczelnym pojemniku w lodówce przez okres do 1 tygodnia.

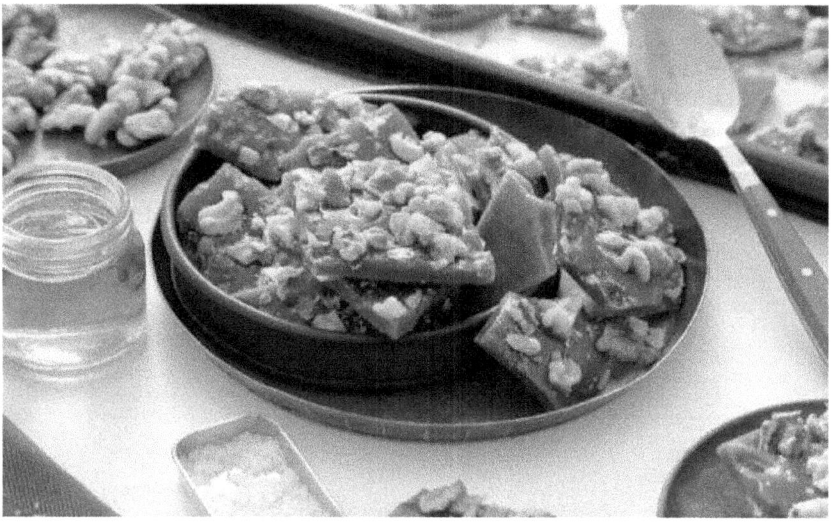

8. Batony Dream z karmelem i orzechami włoskimi

Składniki:
- 1 pudełko żółtej mieszanki do ciasta
- 3 łyżki zmiękczonego masła
- 1 jajko
- 14 uncji słodzonego mleka skondensowanego
- 1 jajko
- 1 łyżeczka czystego ekstraktu waniliowego
- 1/2 szklanki drobno zmielonych orzechów włoskich
- 1/2 szklanki drobno zmielonych kawałków toffi

Wskazówki:
h) Rozgrzej piekarnik do 350 stopni. Przygotuj prostokątną formę do ciasta, wysmaruj ją sprayem do pieczenia i odstaw.
i) Wymieszaj mieszankę do ciasta, masło i jedno jajko w misce, a następnie mieszaj, aż powstanie kruszonka. Włóż mieszankę na dno przygotowanej formy, a następnie odstaw.
j) W innej misce wymieszaj mleko, resztę jajka, ekstrakt, orzechy włoskie i kawałki toffi.
k) Dobrze wymieszać i wylać na spód w foremce. Piecz przez 35 minut.

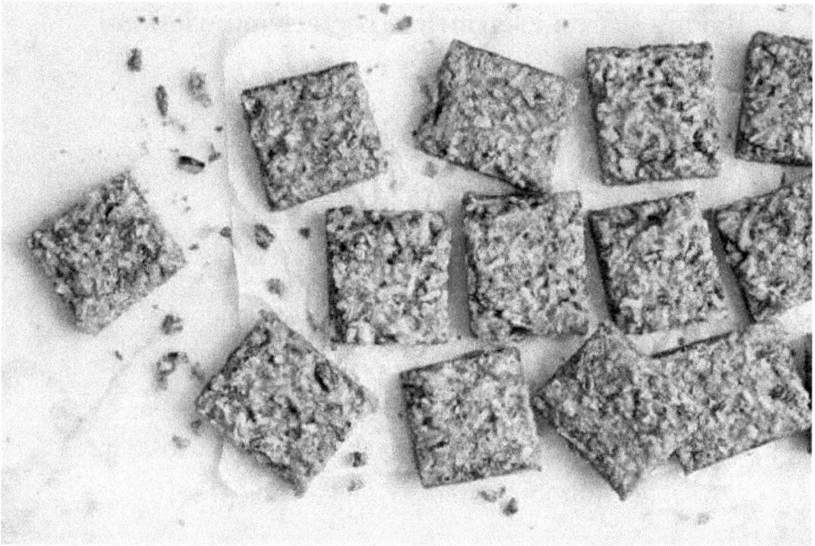

9. Przewlekłe batony pekanowe

SKŁADNIKI
- 2 szklanki połówek orzechów pekan
- 1 szklanka mąki z manioku
- 1/2 szklanki mąki lnianej złotej
- 1/2 szklanki niesłodzonego wiórka kokosowego
- 1/2 szklanki oleju kokosowego Cana
- 1/4 szklanki miodu
- 1/4 łyżeczki płynnej stewii

INSTRUKCJE
16. Odmierz 2 szklanki połówek orzechów pekan i piecz przez 6-8 minut w piekarniku w temperaturze 350F. Dokładnie tyle, aby zaczęły nabierać aromatu.
17. Wyjmij orzechy pekan z piekarnika, a następnie włóż je do plastikowego woreczka. Użyj wałka do ciasta, aby rozdrobnić je na kawałki. Nie ma większego znaczenia, jaka będzie konsystencja,
18. Wymieszaj suche składniki w misce: 1 szklankę mąki z manioku, 1/2 szklanki mąki lnianej i 1/2 szklanki niesłodzonych wiórków kokosowych.
19. Dodaj pokruszone orzechy pekan do miski i ponownie wymieszaj.
20. Na koniec dodaj 1/2 szklanki oleju kokosowego Cana, 1/4 szklanki miodu i 1/4 łyżeczki płynnej stewii. Wymieszaj wszystko dokładnie, aż powstanie kruszące się ciasto.
21. Włóż ciasto do naczynia żaroodpornego.
22. Piec przez 20–25 minut w temperaturze 175°C, lub do momentu, aż brzegi lekko się zrumienią.
23. Wyjąć z piekarnika, pozostawić do częściowego ostygnięcia i włożyć do lodówki na co najmniej 1 godzinę.
24. Pokrój na 12 plastrów i usuń za pomocą szpatułki.

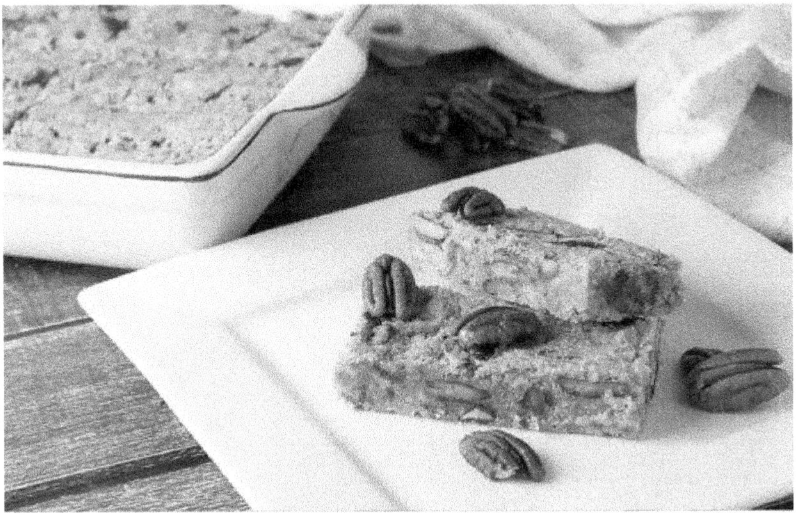

16. Kwadraty z masłem migdałowym i chia

SKŁADNIKI
- 1/2 szklanki surowych migdałów
- 1 łyżka. + 1 łyżeczka. Oleju kokosowego
- łyżka TERAZ Erytrytol
- 2 łyżki masła
- 1/4 szklanki śmietanki kremówki
- 1/4 łyżeczki płynnej stewii
- 1 1/2 łyżeczki ekstraktu waniliowego

INSTRUKCJE
4. Dodaj 1/2 szklanki surowych migdałów do patelni i praż przez około 7 minut na średnio-niskim ogniu. Na tyle, aby poczuć wydobywający się orzechowy zapach.
5. Dodaj orzechy do robota kuchennego i zmiel je.
6. Gdy osiągną konsystencję mąki, dodaj 2 łyżki TERAZ Erytrytolu i 1 łyżeczkę oleju kokosowego.
7. Kontynuuj mielenie migdałów, aż powstanie masło migdałowe i masło się zrumieni.
8. Gdy masło się zrumieni, dodaj 1/4 szklanki śmietanki kremówki, 2 łyżki TERAZ erytrytolu, 1/4 łyżeczki płynnej stewii i 1 1/2 łyżeczki ekstraktu waniliowego do masła. Zmniejsz ogień do niskiego i dobrze mieszaj, aż śmietanka zacznie bulgotać.
9. Zmiel 1/4 szklanki nasion chia w młynku do przypraw, aż powstanie proszek.
10. Zacznij prażyć nasiona chia i 1/2 szklanki niesłodzonych wiórków kokosowych na patelni na średnio-niskim ogniu. Kokos powinien lekko zbrązowieć.
11. Dodaj masło migdałowe do mieszanki masła i śmietany kremówki i dobrze wymieszaj. Pozwól mu się ugotować na pastę.

12 W kwadratowym (lub dowolnym innym) naczyniu do pieczenia dodaj mieszankę masła migdałowego, prażonej chia i mieszanki kokosa oraz 1/2 szklanki śmietanki kokosowej. Możesz dodać śmietankę kokosową do patelni, aby lekko ją rozpuścić przed dodaniem.
13 Dodaj 1 łyżkę oleju kokosowego i 2 łyżki mąki kokosowej i wszystko dobrze wymieszaj.
14 Palcami dobrze ugnieć mieszankę w naczyniu do pieczenia.
15 Schłodź mieszankę przez co najmniej godzinę, a następnie wyjmij ją z formy do pieczenia. Powinna teraz zachować kształt.
16 Pokrój mieszankę w kwadraty lub dowolny kształt, jaki chcesz i włóż z powrotem do lodówki na co najmniej kilka godzin. Możesz użyć nadmiaru mieszanki, aby uformować więcej kwadratów, ale ja ją zjadłam.
17 Wyjmij i przekąś kiedy chcesz!

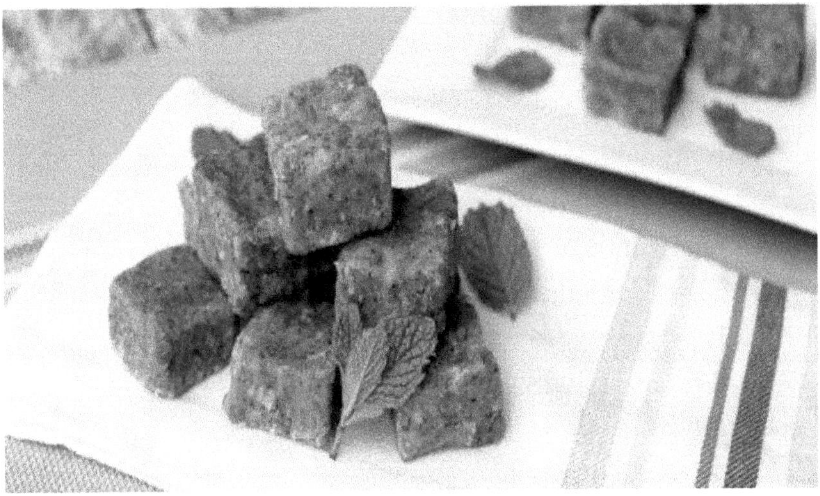

16. Nuggetsy z nasion chia

SKŁADNIKI
- 2 łyżki oleju kokosowego
- 1/2 szklanki nasion chia, zmielonych
- 3 uncje startego sera cheddar
- 1 1/4 szklanki lodowatej wody
- 2 łyżki stołowe łuski babki płesznik w proszku
- 1/4 łyżeczki gumy ksantanowej
- 1/4 łyżeczki czosnku w proszku
- 1/4 łyżeczki proszku cebulowego
- 1/4 łyżeczki oregano
- 1/4 łyżeczki papryki
- 1/4 łyżeczki soli
- 1/4 łyżeczki pieprzu

INSTRUKCJE
5. Rozgrzej piekarnik do 375F. Zmiel 1/2 szklanki nasion chia w młynku do przypraw. Chcesz uzyskać konsystencję posiłku.
6. Dodaj zmielone nasiona chia, 2 łyżki łuski babki płesznik, 1/4 łyżeczki gumy ksantanowej, 1/4 łyżeczki czosnku w proszku, 1/4 łyżeczki cebuli w proszku, 1/4 łyżeczki oregano, 1/4 łyżeczki papryki, 1/4 łyżeczki soli i 1/4 łyżeczki pieprzu do miski. Dobrze wymieszaj.
7. Dodaj 2 łyżki oleju kokosowego do suchych składników i wymieszaj. Powinno to zmienić się w konsystencję mokrego piasku.
8. Dodaj 1 1/4 szklanki lodowatej wody do miski. Wymieszaj wszystko bardzo dobrze. Może być konieczne poświęcenie dodatkowego czasu na wymieszanie, ponieważ nasiona chia i babka płesznik potrzebują trochę czasu, aby wchłonąć wodę. Mieszaj, aż powstanie zwarte ciasto.
9. Zetrzyj 3 uncje sera cheddar i dodaj go do miski.

10. Używając rąk, zagniataj ciasto. Powinno być stosunkowo suche i nieklejące się, gdy skończysz.
11. Wyłóż ciasto na matę silpatyczną i odstaw na kilka minut.
12. Rozwałkuj lub rozwałkuj ciasto cienko, tak aby pokryło cały silpat. Jeśli możesz zrobić cieńsze, rozwałkuj dalej i zachowaj nadmiar na drugie pieczenie.
13. Piec w piekarniku przez 30–35 minut, aż do momentu upieczenia.
14. Wyjmij je z piekarnika i, gdy są jeszcze gorące, pokrój na pojedyncze krakersy.
15. Można użyć tępego ostrza noża (uważając, aby nie przeciąć silikonu) lub dużej szpatułki.
16. Włóż krakersy z powrotem do piekarnika na 5-7 minut na grillu lub do momentu, aż wierzchołki będą zrumienione i dobrze chrupiące. Wyjmij z piekarnika i odstaw na kratkę do ostygnięcia. W miarę stygnięcia stają się bardziej chrupiące.
17. Podawaj z ulubionymi sosami. Ja używam mojego Roasted Garlic Chipotle Aioli.

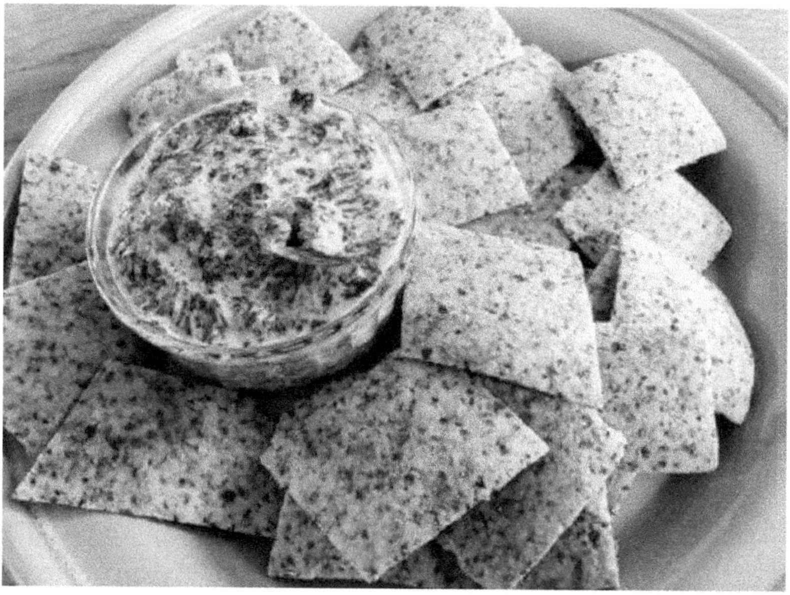

18. Batony orzechowo-białkowe z czekoladą

Porcje: 12 batoników Czas przygotowania: 1 godzina
Składniki:
- 100% czyste masło orzechowe, 250 g
- Prażone nasiona akacji, 1 ½ łyżeczki
- Jogurt naturalny beztłuszczowy, 110 g
- 100% proszek białka serwatkowego, 100 g
- Cynamon, 1 ½ łyżeczki
- Surowe ziarna kakaowca, 4 łyżeczki
- 85% gorzkiej czekolady, 100 g
- Czysty ekstrakt waniliowy, 1 łyżka
- 100% proszek białka grochu, 30 g

Metoda:
e) Dodaj wszystkie składniki oprócz czekolady do robota kuchennego i miksuj, aż do uzyskania gładkiej masy.
f) Z przygotowanej masy zrób 12 batoników i włóż je do lodówki na 30 minut.
g) Kiedy tabliczki stwardnieją, rozpuść czekoladę w mikrofalówce i zanurz w niej każdą tabliczkę, dokładnie ją obtoczając.
h) Ułóż obtoczone batony na blasze wyłożonej papierem do pieczenia i wstaw do lodówki na 30 minut lub do momentu, aż czekolada stwardnieje.
i) Cieszyć się.

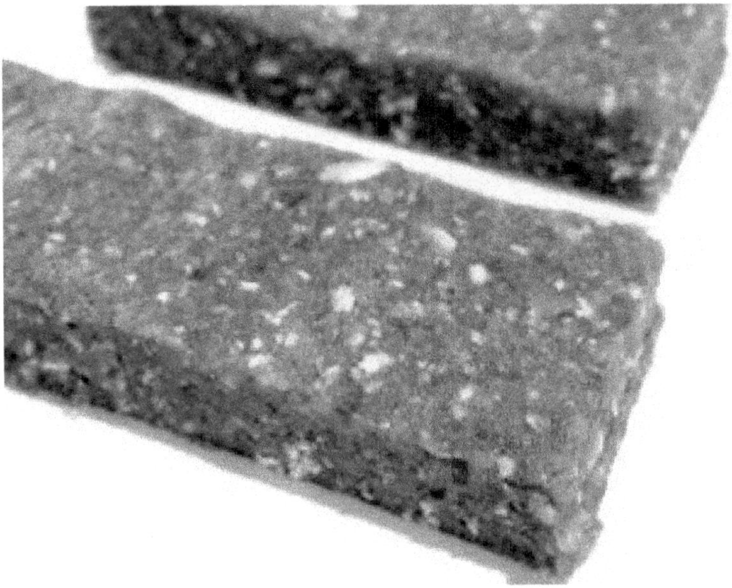

19. Niemieckie batony proteinowe z czekoladą

Porcje: 12 batoników
Czas przygotowania: 2 godziny 20 minut

Składniki:
- Płatki owsiane, 1 szklanka
- Wiórki kokosowe, ½ szklanki + ¼ szklanki, podzielone
- Proszek białkowy sojowy, ½ szklanki
- Orzechy pekan, ½ szklanki + ¼ szklanki, posiekane, podzielone
- Woda, do ¼ szklanki
- Kakao w proszku, ¼ szklanki
- Ekstrakt waniliowy, 1 łyżeczka
- Ziarna kakaowca, 2 łyżki
- Sól, ¼ łyżeczki
- Daktyle Medjool, 1 szklanka, wydrylowane i namoczone przez 30 minut

Metoda:
i) Zmiksuj płatki owsiane na mąkę, następnie dodaj kakao i proszek proteinowy i zmiksuj ponownie.
j) W międzyczasie odcedź daktyle i dodaj je do robota kuchennego. Miksuj przez 30 sekund, a następnie dodaj ½ szklanki startego kokosa i ½ szklanki orzechów pekan, a następnie sól i wanilię.
k) Ponownie wymieszaj, stopniowo dodając wodę i wyrabiając ciasto.
l) Umieść ciasto w dużej misce, dodaj resztę orzechów pekan i kokosa, a następnie ziarna kakaowca.
m) Połóż ciasto na papierze do pieczenia, przykryj drugim papierem i uformuj gruby kwadrat.
n) Wstawić do lodówki na 2 godziny, następnie zdjąć papier pergaminowy i pokroić na 12 batoników o wybranej długości.

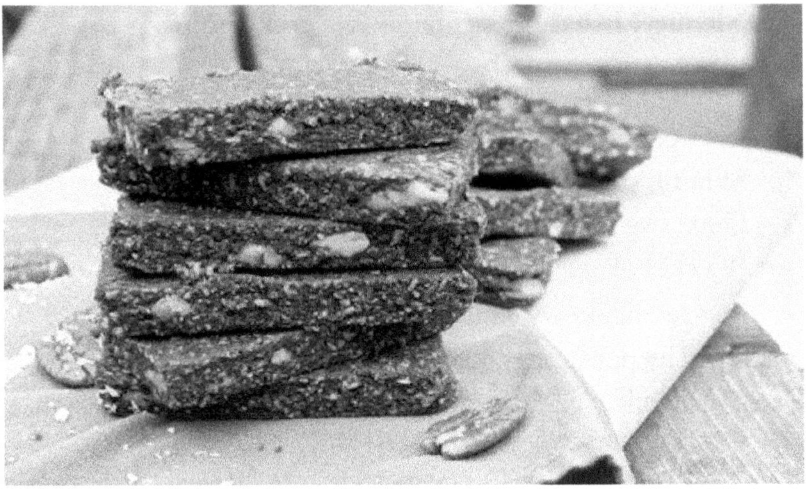

20. Batony proteinowe Blueberry Bliss

Składniki:
- 100% czyste, nieskażonych płatków owsianych, 1 + ½ szklanki
- Pepita, 1/3 szklanki
- Migdały całe, ¾ szklanki
- Niesłodzony mus jabłkowy ¼ szklanki
- Suszone jagody, ½ czubatej szklanki
- Nasiona słonecznika, ¼ szklanki
- Masło migdałowe, 1 szklanka
- Syrop klonowy, 1/3 szklanki
- Orzechy włoskie, 1/3 szklanki
- Pistacje, ½ szklanki
- Siemię lniane mielone, 1/3 szklanki

Metoda:
p) Wyłóż blachę do pieczenia papierem woskowym i odstaw.
q) W dużej misce wymieszaj płatki owsiane, migdały, nasiona słonecznika, suszone jagody, orzechy włoskie, pistacje, siemię lniane i pestki dyni.
r) Skropić musem jabłkowym i syropem klonowym i dobrze wymieszać.
s) Teraz dodaj masło i dobrze wymieszaj.
t) Przełóż ciasto na patelnię i wyrównaj je od góry.
u) Zamrozić na godzinę. Gdy mieszanka będzie całkowicie stężała, wyłożyć ją na blat.
v) Pokrój na 16 batoników o pożądanej grubości i długości.

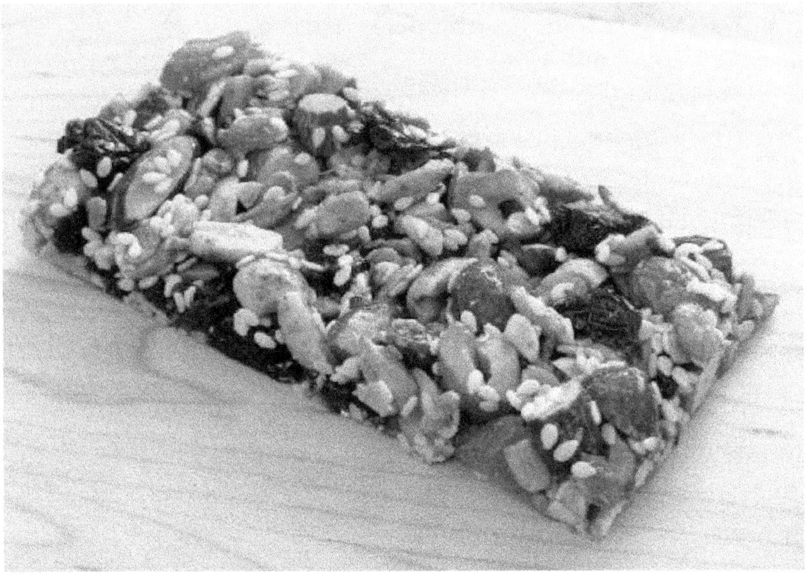

21. Batony proteinowe z masłem orzechowym i kawałkami czekolady

Składniki:
- Mąka kokosowa, ¼ szklanki
- Krem waniliowy Stevia, 1 łyżeczka
- Mąka arachidowa, 6 łyżek
- Ekstrakt waniliowy, 1 łyżeczka
- Sól, ¼ łyżeczki
- Miniaturowe chipsy czekoladowe, 1 łyżka
- Olej kokosowy, 1 łyżeczka, roztopiony i lekko ostudzony
- Izolat białka sojowego, 6 łyżek
- Mleko z nerkowców niesłodzone, ½ szklanki + 2 łyżki

Metoda:
h) Wyłóż formę do pieczenia chleba papierem woskowym. Odstaw na bok.
i) Wymieszaj obie mąki z białkiem sojowym i solą.
j) W innej misce wymieszaj mleko kokosowe ze stewią, mlekiem z nerkowców i wanilią. Stopniowo wlewaj tę mieszankę do mieszanki mąki i dobrze wymieszaj, aby się połączyła.
k) Teraz dodaj ½ kawałków czekolady i delikatnie wymieszaj je z masą.
l) Przełóż mieszankę do przygotowanej formy na chleb i równomiernie rozprowadź za pomocą szpatułki.
m) Na wierzch posyp resztą kawałków czekolady i zamroź na 3 godziny.
n) Pokrój na plasterki o pożądanej grubości i długości.

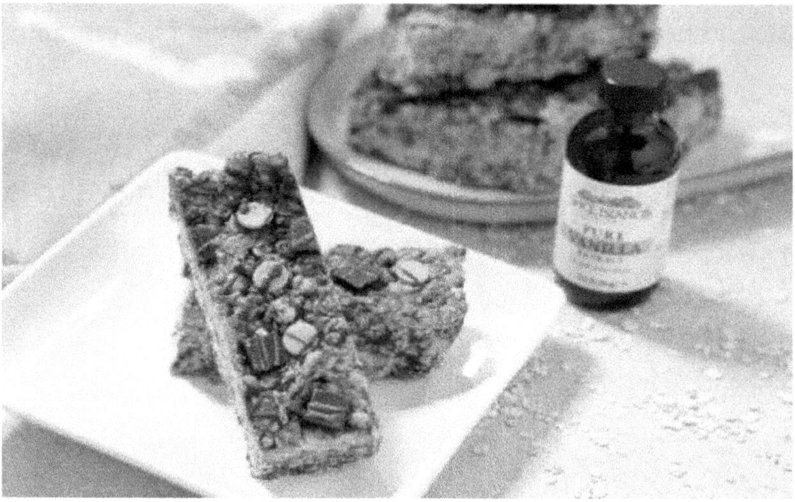

22. Batony proteinowe z surowych nasion dyni i konopi

Składniki:
- Daktyle Medjool, ½ szklanki, bez pestek
- Ekstrakt waniliowy, ½ łyżeczki
- Pestki dyni, ¼ szklanki
- Sól, ¼ łyżeczki
- Cynamon, ½ łyżeczki
- Masło konopne, ½ szklanki
- Gałka muszkatołowa, ¼ łyżeczki
- Woda, ¼ szklanki
- Surowe płatki owsiane, 2 szklanki
- Nasiona chia, 2 łyżki

Metoda:
g) Wyłóż blachę papierem do pieczenia i odstaw. Namocz daktyle przez 30 minut, a następnie zmiksuj do uzyskania gładkiej masy.
h) Przełóż mieszankę do miski, dodaj masło konopne i dobrze wymieszaj.
i) Teraz dodaj pozostałe składniki i delikatnie wymieszaj, aby dobrze się połączyły.
j) Przełóż na patelnię i wyrównaj szpatułką.
k) Włożyć do lodówki na 2 godziny, następnie pokroić na 16 batoników.

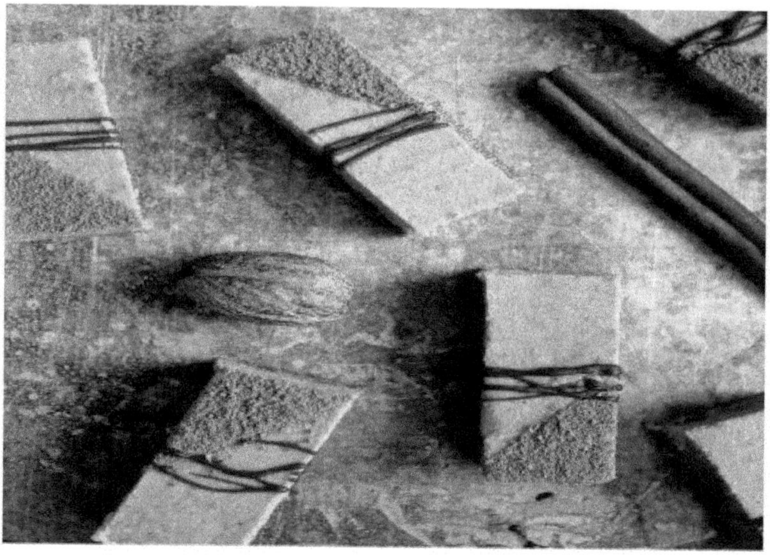

23. Batony proteinowe z imbirem i wanilią

Składniki:
- Masło, 2 łyżki
- Płatki owsiane, 1 szklanka
- Surowe migdały, ½ szklanki, posiekane
- Mleko kokosowe, ¼ szklanki
- Wiórki kokosowe, ¼ szklanki
- Proszek białkowy (waniliowy), 2 miarki
- Syrop klonowy, ¼ szklanki
- Imbir kandyzowany, ½ szklanki, posiekany
- Płatki kukurydziane, 1 szklanka, rozdrobnione na drobne okruszki Nasiona słonecznika, ¼ szklanki

Metoda:
b) Rozpuść masło na patelni i dodaj syrop klonowy. Dobrze wymieszaj.
c) Dodaj mleko, a następnie proszek proteinowy i dobrze wymieszaj, aby połączyć. Gdy mieszanka zmieni konsystencję na gładką, wyłącz ogień.
d) Do dużej miski dodaj nasiona słonecznika, migdały, płatki owsiane, płatki kukurydziane i kawałki imbiru (¾).
e) Wlać mieszankę do suchych składników i dobrze wymieszać.
f) Przenieś ciasto do keksówki wyłożonej papierem woskowanym i równomiernie rozprowadź.
g) Na wierzch połóż resztę imbiru i wiórków kokosowych. Piecz przez 20 minut w temperaturze 160°C. Przed pokrojeniem odstaw do ostygnięcia.

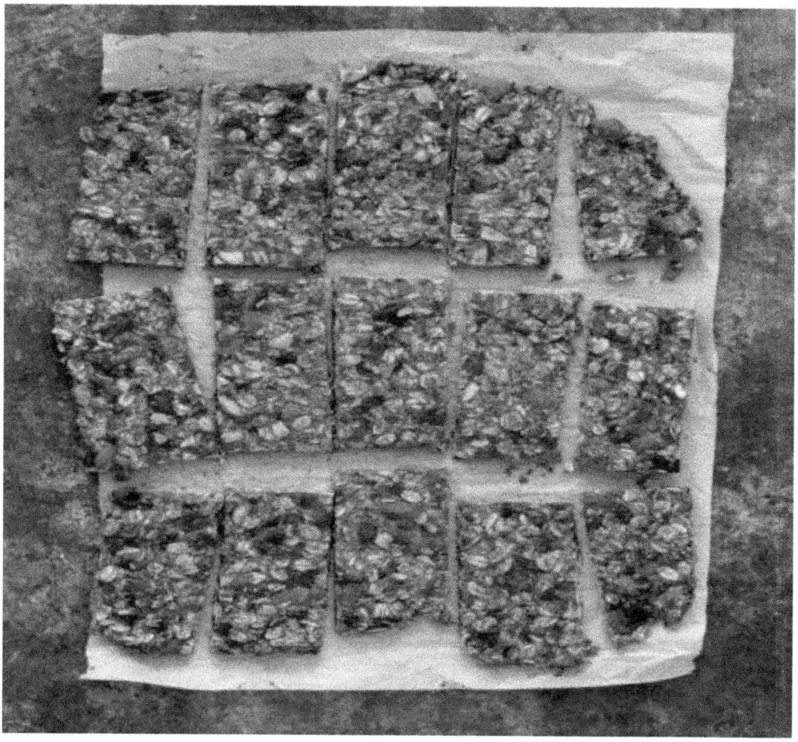

24. Batony z masłem orzechowym i preclami

Składniki:
- Chipsy sojowe, 5 filiżanek
- Woda, ½ szklanki
- Mini precle twists, 6, grubo posiekane
- Masło orzechowe w proszku, 6 łyżek
- Orzeszki ziemne, 2 łyżki, grubo posiekane
- Proszek białkowy sojowy, 6 łyżek
- Chipsy z masła orzechowego, 2 łyżki, przekrojone na pół
Agawa, 6 łyżek

Metoda:
g) Spryskaj blachę do pieczenia sprayem do pieczenia i odstaw.
h) Zmiksuj chrupki sojowe w malakserze i dodaj do miski.
i) Dodaj proszek proteinowy i wymieszaj.
j) Rozgrzej rondel i dodaj wodę, agawę i masło w proszku. Mieszaj, gotując na średnim ogniu przez 5 minut. Pozwól mieszance gotować się przez kilka sekund, a następnie dodaj mieszankę sojową, cały czas mieszając.
k) Przełóż mieszankę do przygotowanej formy i posyp preclami, orzeszkami ziemnymi i chipsami z masła orzechowego.
l) Schłodź do momentu stężenia. Pokrój w batony i delektuj się.

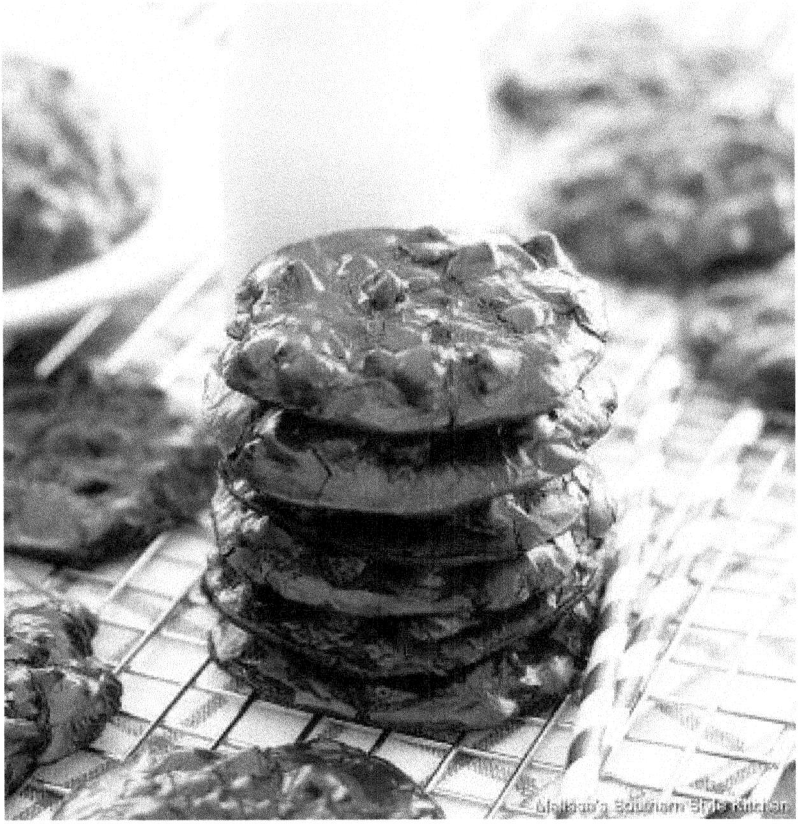

25. Batony proteinowe z żurawiną i migdałami

. **Składniki:**
- Migdały prażone z solą morską, 2 szklanki
- Niesłodzone wiórki kokosowe, ½ szklanki
- Płatki ryżowe preparowane, 2/3 szklanki
- Ekstrakt waniliowy, 1 łyżeczka
- Suszona żurawina, 2/3 szklanki
- Nasiona konopi, 1 czubata łyżka
- Syrop z brązowego ryżu, 1/3 szklanki Miód, 2 łyżki

Metoda:
b) Wymieszaj migdały z żurawiną, nasionami konopi, płatkami ryżowymi i kokosem. Odstaw.
c) Do rondla dodaj miód, a następnie wanilię i syrop ryżowy. Mieszaj i gotuj przez 5 minut.
d) Wlać sos do suchych składników i szybko wymieszać, aby się połączyły.
e) Przełóż mieszankę na przygotowaną blachę do pieczenia i równomiernie rozprowadź.
f) Odstawić do lodówki na 30 minut.
g) Gdy będą gotowe, pokrój je na kawałki o pożądanej wielkości i zajadaj.

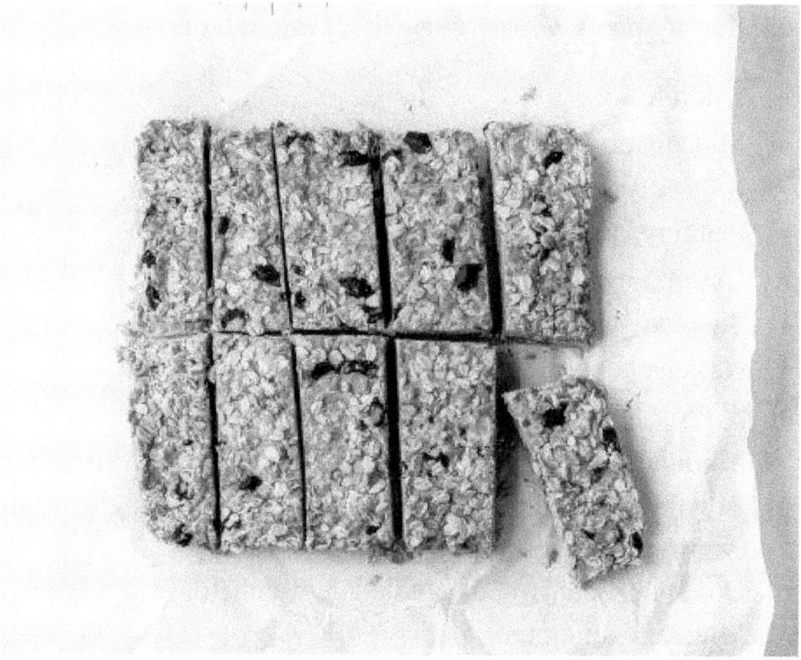

26. Batony z potrójną czekoladą i białkiem

Składniki:

- Mąka owsiana, 1 szklanka
- Soda oczyszczona, ½ łyżeczki
- Mleko migdałowe, ¼ szklanki
- Proszek białkowy z serwatki czekoladowej, 1 miarka
- Mieszanka do pieczenia ze stewią, ¼ szklanki
- Mąka migdałowa, ¼ szklanki
- 3 łyżki gorzkiej czekolady
- Sól, ¼ łyżeczki
- Orzechy włoskie, 3 łyżki, posiekane
- Kakao w proszku ciemne, niesłodzone, 3 łyżki
- Niesłodzony mus jabłkowy, 1/3 szklanki
- Jajko, 1
- Jogurt grecki naturalny, ¼ szklanki
- Płynne białka jaj, 2 łyżki
- Proszek białkowy z serwatki waniliowej, 1 miarka

Metoda:

f) Rozgrzej piekarnik do 350 F.
g) Nasmaruj patelnię sprayem do pieczenia i odstaw.
h) W dużej misce wymieszaj obie mąki z solą, sodą oczyszczoną, proszkiem białkowym i ciemnym kakao. Odstaw.
i) W osobnej misce roztrzep jajka ze stewią, ubijaj, aż składniki dobrze się połączą. Następnie dodaj pozostałe mokre składniki i ponownie ubij.
j) Stopniowo mieszaj mokrą mieszankę z suchą i dobrze wymieszaj, aż się połączy.
k) Dodaj orzechy włoskie i kawałki czekolady, delikatnie wymieszaj.
l) Przełóż mieszankę do przygotowanej formy i piecz przez 25 minut.

m) Pozostawić do ostygnięcia przed wyjęciem z patelni i pokrojeniem

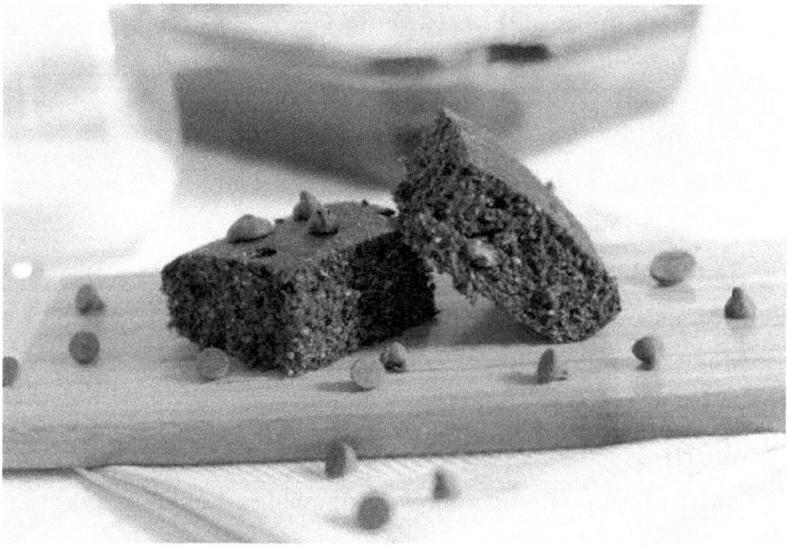

27. Batony z malinami i czekoladą

Składniki:

- Masło orzechowe lub migdałowe, ½ szklanki
- Siemię lniane, ¼ szklanki
- Agawa niebieska, 1/3 szklanki
- Proszek proteinowy czekoladowy, ¼ szklanki
- Maliny, ½ szklanki
- Płatki owsiane błyskawiczne, 1 szklanka

Metoda:

d) Wymieszaj masło orzechowe z agawą i gotuj na małym ogniu, cały czas mieszając.
e) Gdy mieszanka będzie miała gładką konsystencję, dodaj ją do owsa, siemienia lnianego i białka. Dobrze wymieszaj.
f) Dodaj maliny i delikatnie wymieszaj.
g) Przełóż ciasto do przygotowanej formy i zamroź na godzinę.
h) Pokrój na 8 batoników, gdy będą twarde i ciesz się smakiem.

28. Batony z ciasta orzechowego i masła orzechowego

Składniki:
- Płatki owsiane, ¼ szklanki
- Masło orzechowe, 3 łyżki
- Proszek białkowy, ½ szklanki
- Sól, szczypta
- Duże daktyle Medjool, 10
- Surowe orzechy nerkowca, 1 szklanka
- Syrop klonowy, 2 łyżki Całe orzechy ziemne, do dekoracji

Metoda:
u) Zmiel płatki owsiane w malakserze na drobną mąkę.
v) Teraz dodaj wszystkie składniki oprócz całych orzeszków ziemnych i miksuj do uzyskania gładkiej masy.
w) Jeśli chcesz, spróbuj i wprowadź ewentualne zmiany.
x) Przełóż mieszankę do formy na chleb i posyp całymi orzeszkami ziemnymi.
y) Schłodź przez 3 godziny. Gdy mieszanka stężeje, połóż ją na kuchennym blacie i pokrój na 8 batoników o pożądanej długości.

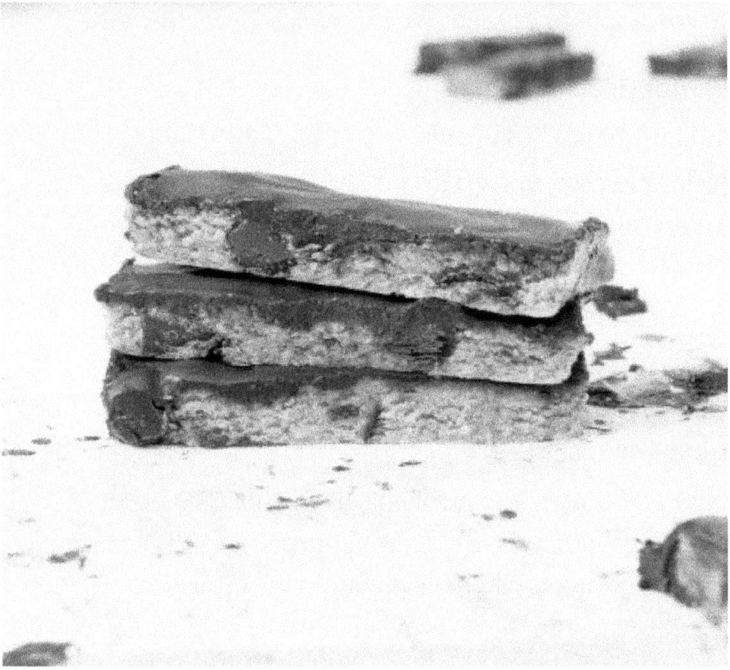

29. Batony proteinowe musli

Składniki:
- Mleko migdałowe niesłodzone, ½ szklanki
- Miód, 3 łyżki
- Quinoa, ¼ szklanki, ugotowana
- Nasiona chia, 1 łyżeczka
- Mąka, 1 łyżka
- Proszek proteinowy czekoladowy, 2 miarki
- Czekoladowe chipsy, ¼ szklanki
- Cynamon, ½ łyżeczki
- Dojrzały banan, ½, rozgnieciony
- Migdały, ¼ szklanki, pokrojone w plasterki
- Musli, 1 ½ szklanki, Twojej ulubionej marki

Metoda:
j) Rozgrzej piekarnik do 350 F.
k) W średniej misce wymieszaj mleko migdałowe z puree bananowym, nasionami chia oraz miodem i odstaw.
l) W osobnej misce wymieszaj pozostałe składniki.
m) Teraz wlej mieszankę mleka migdałowego do suchych składników i dobrze wymieszaj.
n) Przełóż ciasto na patelnię i piecz przez 20–25 minut.
o) Pozostawić do ostygnięcia przed wyjęciem z patelni i pokrojeniem.

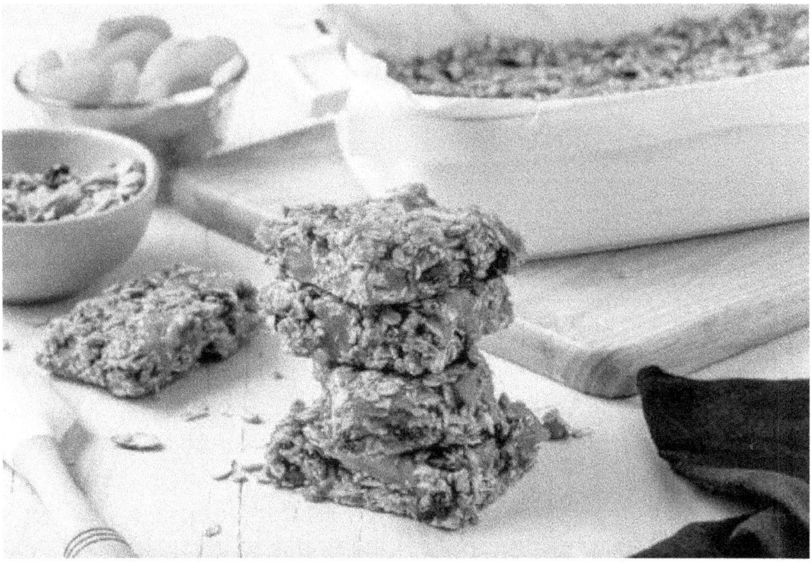

30. Batony proteinowe z ciasta marchewkowego

Składniki:

Do barów:
- Mąka owsiana, 2 szklanki
- Mleko bezmleczne, 1 łyżka
- Mieszane przyprawy, 1 łyżeczka
- Proszek proteinowy waniliowy, ½ szklanki
- Marchewki, ½ szklanki, rozgniecione
- Cynamon, 1 łyżka
- Mąka kokosowa, ½ szklanki, przesiana
- Syrop z brązowego ryżu, ½ szklanki
- Słodzik granulowany według wyboru, 2 łyżki
- Masło migdałowe, ¼ szklanki

Do polewy:
- Proszek proteinowy waniliowy, 1 miarka
- Mleko kokosowe, 2-3 łyżki
- Ser śmietankowy, ¼ szklanki

Metoda:
f) Aby przygotować batony proteinowe, wymieszaj mąkę z mieszanką przypraw, proszkiem proteinowym, cynamonem i słodzikiem.
g) W innym miejscu wymieszaj masło z płynnym słodzikiem i podgrzewaj w kuchence mikrofalowej przez kilka sekund, aż się rozpuści.
h) Przełóż mieszankę do miski z mąką i dobrze wymieszaj.
i) Teraz dodaj marchewkę i delikatnie wymieszaj.
j) Następnie stopniowo dodawaj mleko, cały czas mieszając, aż do uzyskania odpowiedniej konsystencji.
k) Przełożyć do przygotowanej formy i odstawić do lodówki na 30 minut.

l) W międzyczasie przygotuj lukier i wymieszaj proszek proteinowy z serkiem śmietankowym.
m) Stopniowo dodawaj mleko i dobrze mieszaj, aż do uzyskania odpowiedniej konsystencji.
n) Gdy mieszanka stężeje, pokrój ciasto na paski o pożądanej długości i posmaruj każdy pasek lukrem.

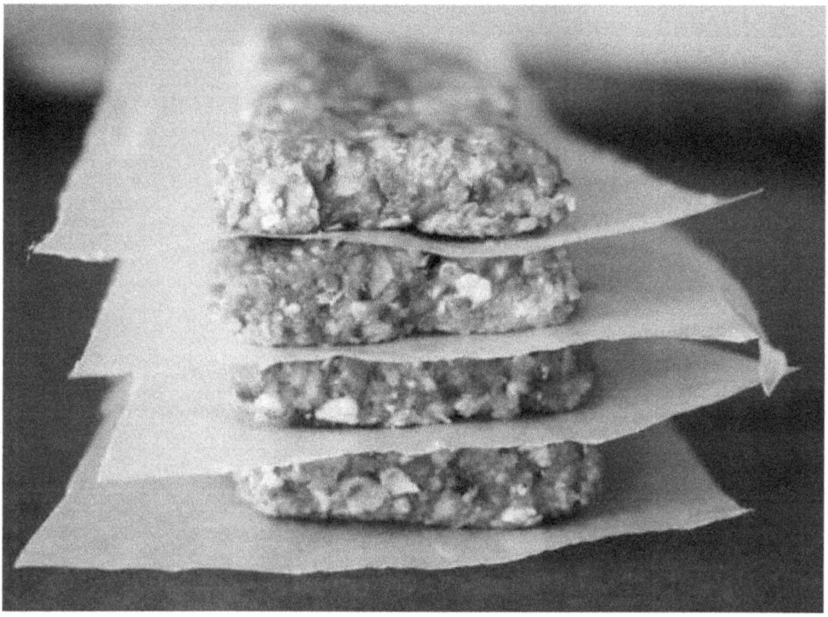

31. Batony z pomarańczą i jagodami goji

Składniki:

- Proszek białkowy waniliowy, ½ szklanki
- Skórka pomarańczowa, 1 łyżka, starta
- Migdały mielone, ¾ szklanki
- 85% gorzkiej czekolady, 40 g, roztopionej
- Mleko kokosowe, ¼ szklanki
- Mąka kokosowa, ¼ szklanki
- Proszek chili, 1 łyżeczka
- Esencja waniliowa, 1 łyżka
- Jagody goji, ¾ szklanki

Metoda:

g) Wymieszaj w misce proszek proteinowy z mąką kokosową.
h) Dodaj pozostałe składniki do mieszanki mąki.
i) Wymieszaj mleko i dobrze połącz.
j) Z masy uformuj batony i ułóż je na blasze.
k) Rozpuść czekoladę i odstaw na kilka minut, a następnie zanurz każdą tabliczkę w rozpuszczonej czekoladzie i ułóż na blasze do pieczenia.
l) Przechowywać w lodówce, aż czekolada całkowicie stwardnieje.
m) Cieszyć się.

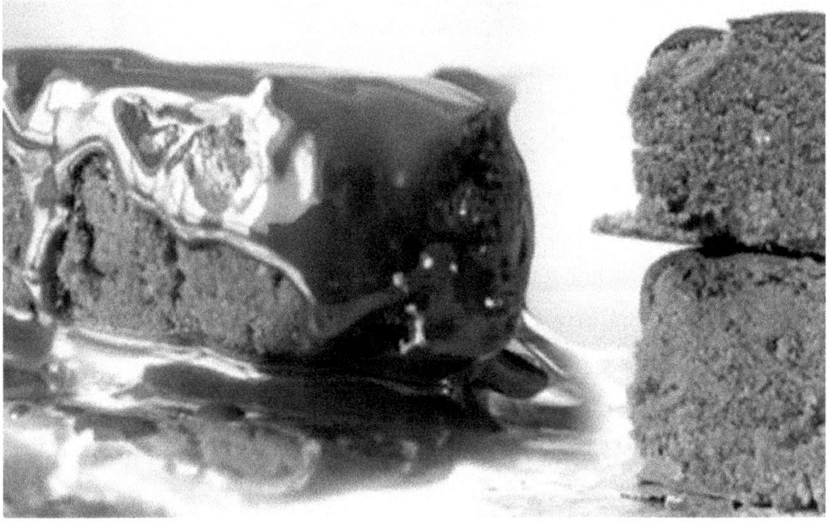

32. Baton proteinowy truskawkowy

Składniki:

- Truskawki liofilizowane 60 g
- Wanilia, ½ łyżeczki
- Niesłodzony wiórek kokosowy, 60 g
- Mleko migdałowe niesłodzone, 60 ml
- Proszek białkowy serwatkowy bez smaku, 60 g Czekolada gorzka, 80 g

Metoda:

j) Zmiksuj suszone truskawki, aż będą zmielone, a następnie dodaj serwatkę, wanilię i kokos. Zmiksuj ponownie, aż powstanie drobno zmielona mieszanka.
k) Dodaj mleko do mieszanki i miksuj, aż wszystkie składniki dobrze się połączą.
l) Wyłóż formę do pieczenia papierem woskowanym i przełóż do niej mieszankę.
m) Za pomocą szpatułki równomiernie rozprowadź mieszankę.
n) Odstawić do lodówki, aż mieszanka stężeje.
o) Podgrzewaj w mikrofalówce ciemną czekoladę przez 30 sekund. Mieszaj dobrze, aż będzie gładka i całkowicie rozpuszczona.
p) Odstaw czekoladę do lekkiego ostygnięcia, a w międzyczasie pokrój mieszankę truskawkową na osiem batoników o wybranej grubości.
q) Następnie zanurzaj po kolei każdy batonik w czekoladzie i dokładnie obtocz.
r) Ułóż panierowane batony na blasze do pieczenia. Gdy wszystkie batony będą już pokryte, włóż je do lodówki, aż czekolada stężeje i stwardnieje.

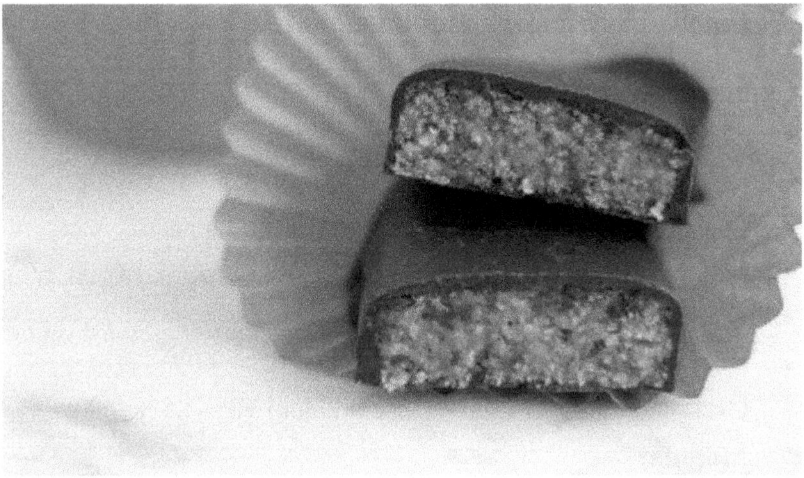

33. Batony proteinowe o smaku mokki

Składniki:
- Mąka migdałowa 30 g
- Mąka kokosowa, 30 g
- Espresso, 60 g, świeżo zaparzone i schłodzone
- Izolat białka serwatkowego bez dodatków smakowych, 60 g
- Cukier kokosowy 20 g
- Kakao w proszku niesłodzone, 14 g
- Czekolada gorzka z zawartością kakao 70%-85%, 48 g

Metoda:
d) Wymieszaj wszystkie suche składniki.
e) Wymieszaj espresso i dobrze ubij, aby nie było grudek.
f) W tym momencie mieszanka zamieni się w gładką kulę.
g) Podziel na sześć równych części i uformuj z każdej z nich batonik. Ułóż batoniki na blasze i przykryj folią. Schłodź przez godzinę.
h) Gdy tabliczki czekolady będą gotowe, podgrzej ją w mikrofalówce i mieszaj, aż się rozpuści.
i) Obtocz każdy batonik w roztopionej czekoladzie i ułóż na blasze wyłożonej woskiem.
j) Pozostałą czekoladą polej wierzch, tworząc spiralny wzór, i wstaw do lodówki, aż czekolada stwardnieje.

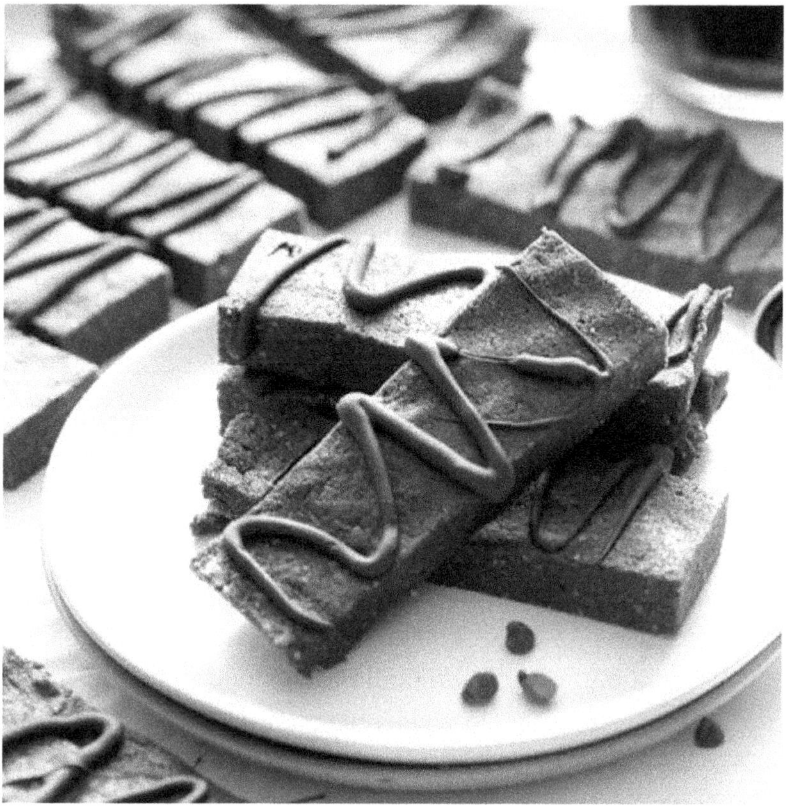

34. Batony proteinowe z bananem i czekoladą

Składniki:
- Liofilizowany banan, 40g
- Mleko migdałowe, 30 ml
- Izolat białka w proszku o smaku bananowym, 70 g
- 100% masło orzechowe, 25 g
- Płatki owsiane bezglutenowe, 30 g
- 100% czekolady, 40 g
- Słodzik do smaku

Metoda:
f) Zmiel banana w robocie kuchennym. Teraz dodaj proszek proteinowy i owies, miksuj ponownie, aż będą drobno zmielone.
g) Wymieszaj pozostałe składniki oprócz czekolady i miksuj dalej, aż do uzyskania gładkiej masy.
h) Przenieś mieszankę do wyłożonej papierem formy na chleb i przykryj folią. Schłodź, aż stwardnieje.
i) Gdy batony będą gotowe, pokrój je na cztery batony.
j) Teraz rozpuść czekoladę w mikrofalówce i pozwól jej lekko ostygnąć, zanim zanurzysz w niej każdy batonik bananowy. Dobrze pokryj i ponownie schłódź batoniki, aż czekolada będzie twarda.

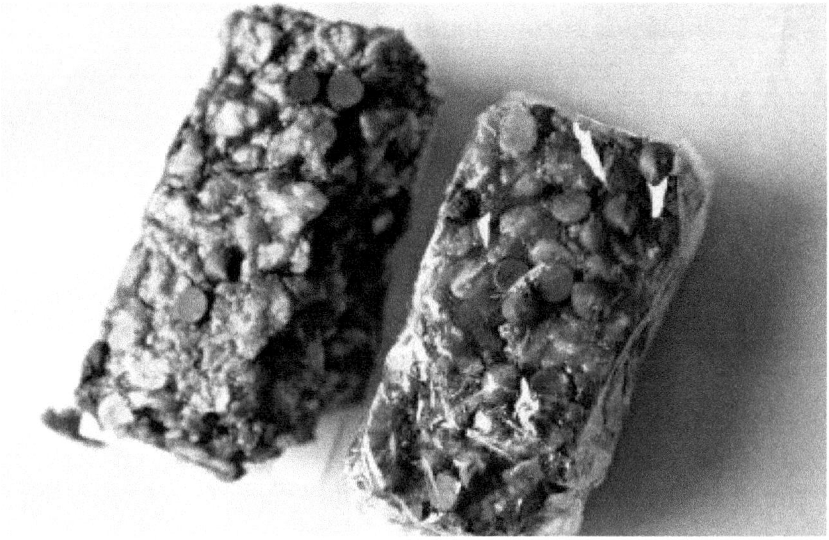

35. Niebiańskie surowe batony

Składniki:

- Mleko kokosowe, 2 łyżki
- Niesłodzone kakao w proszku, według potrzeb
- Proszek białkowy, 1 ½ miarki
- Siemię lniane, 1 łyżka

Metoda:

a) Wymieszaj wszystkie składniki razem.
b) Nasmaruj blachę do pieczenia bezbarwnym sprayem i przełóż do niej ciasto.
c) Pozostaw mieszankę w temperaturze pokojowej, aż stężeje.

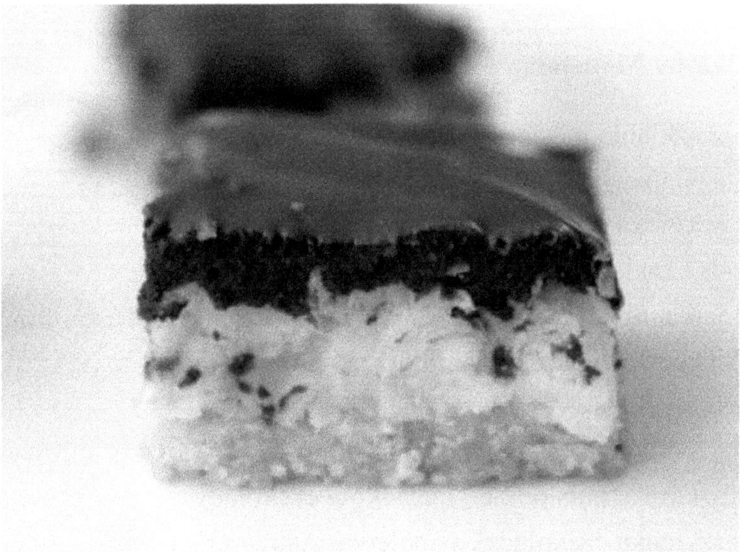

36. Batony Monster

- 1/2 szklanki masła, zmiękczonego
- 1 szklanka brązowego cukru, ubitego
- 1 szklanka cukru
- 1-1/2 szklanki kremowego masła orzechowego
- 3 jajka, ubite
- 2 łyżeczki ekstraktu waniliowego
- 2 łyżeczki sody oczyszczonej
- 4-1/2 szklanki płatków owsianych błyskawicznych, surowych
- 1 szklanka półsłodkich kawałków czekolady
- 1 szklanka czekoladek w polewie cukrowej

g) W dużej misce wymieszaj wszystkie składniki w podanej kolejności. Rozłóż ciasto w natłuszczonej blasze do pieczenia o wymiarach 15"x10".

h) Piec w temperaturze 350 stopni przez 15 minut, lub do momentu, aż lekko się zarumieni.

i) Ostudzić i pokroić w paski. Wychodzi około 1-1/2 tuzina.

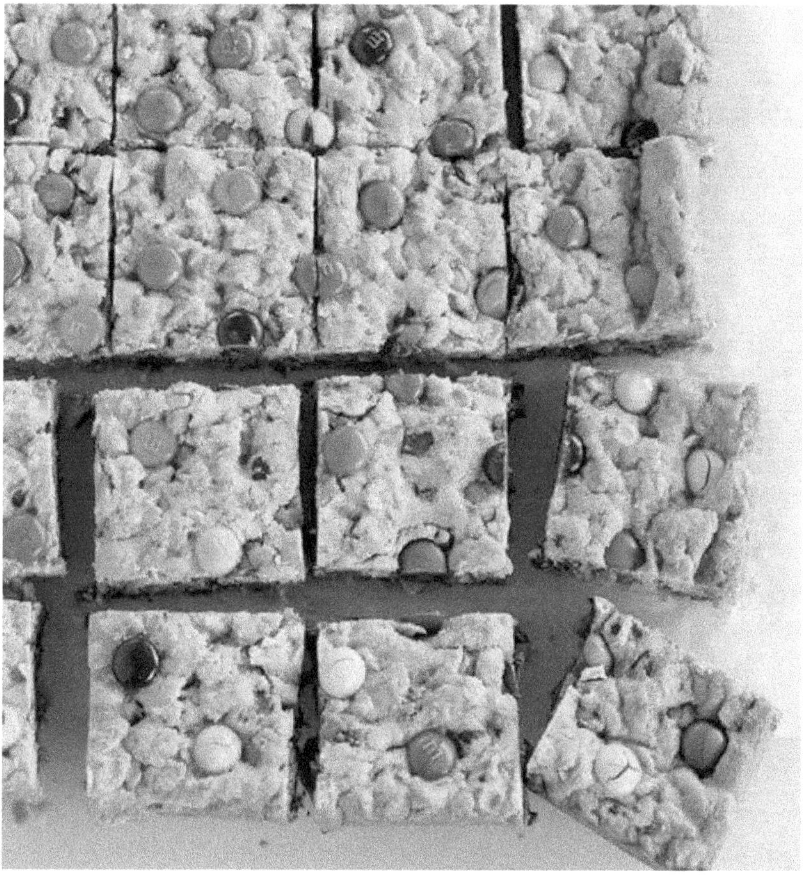

37. Batony z kruszonką jagodową

- 1-1/2 szklanki cukru, podzielonego
- 3 szklanki mąki uniwersalnej
- 1 łyżeczka proszku do pieczenia
- 1/4 łyżeczki soli
- 1/8 łyżeczki cynamonu
- 1 szklanka smalcu
- 1 jajko, ubite
- 1 łyżka mąki kukurydzianej
- 4 szklanki borówek

a) Wymieszaj jedną szklankę cukru, mąkę, proszek do pieczenia, sól i cynamon.
b) Za pomocą noża do ciasta lub widelca pokrój tłuszcz i jajko; ciasto będzie kruszące się.
c) Wyłóż połowę ciasta na natłuszczoną blachę do pieczenia o wymiarach 13"x9"; odstaw.
d) W oddzielnej misce wymieszaj skrobię kukurydzianą z pozostałym cukrem; delikatnie wmieszaj jagody.
e) Równomiernie posyp ciasto w blasze mieszanką jagodową.
f) Rozdrobnij pozostałe ciasto na wierzchu. Piecz w temperaturze 375 stopni przez 45 minut lub do momentu, aż wierzch lekko się zrumieni. Całkowicie ostudź przed pokrojeniem w kwadraty. Wystarczy na tuzin.

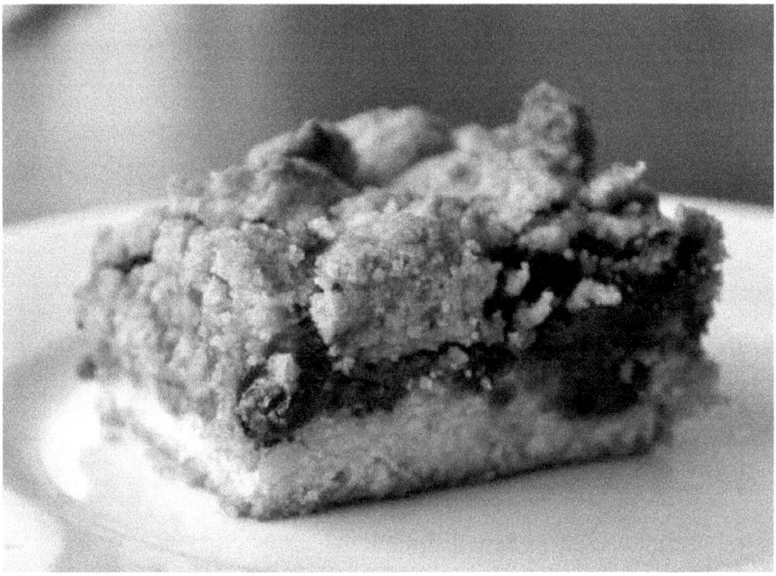

38. Batony Gumdrop

- 1/2 szklanki roztopionego masła
- 1/2 łyżeczki proszku do pieczenia
- 1-1/2 szklanki brązowego cukru, ubitego
- 1/2 łyżeczki soli
- 2 jajka, ubite
- 1/2 szklanki posiekanych orzechów
- 1-1/2 szklanki mąki uniwersalnej
- 1 szklanka żelków, posiekanych
- 1 łyżeczka ekstraktu waniliowego
- Dekoracja: cukier puder

f) W dużej misce wymieszaj wszystkie składniki oprócz cukru pudru.

g) Rozłóż ciasto w natłuszczonej i posypanej mąką blasze do pieczenia o wymiarach 13"x9". Piecz w temperaturze 350 stopni przez 25 do 30 minut, aż do uzyskania złotego koloru.

h) Posypać cukrem pudrem. Ostudzić; pokroić w batony. Wychodzi 2 tuziny.

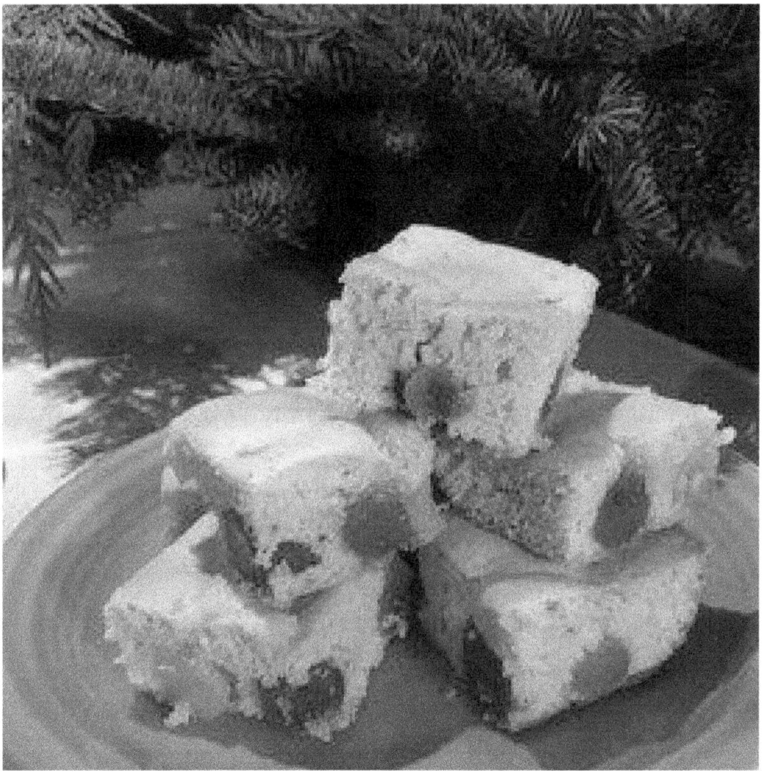

39. Batony z solonymi orzechami

- 18-1/2 oz. opak. żółtej mieszanki do ciasta
- 3/4 szklanki masła, roztopionego i podzielonego
- 1 jajko, ubite
- 3 szklanki mini pianek
- 10-uncjowe opakowanie chipsów z masłem orzechowym
- 1/2 c. jasnego syropu kukurydzianego
- 1 łyżeczka ekstraktu waniliowego
- 2 szklanki solonych orzeszków ziemnych
- 2 szklanki chrupiącego ryżu

b) W misce wymieszaj suchą mieszankę do ciasta, 1/4 szklanki masła i jajko; wciśnij ciasto do natłuszczonej formy do pieczenia o wymiarach 13"x9". Piecz w temperaturze 350 stopni przez 10 do 12 minut.

c) Posyp piankami upieczone ciasto; wstaw z powrotem do piekarnika i piecz przez kolejne 3 minuty lub do momentu roztopienia się pianek. W rondlu na średnim ogniu rozpuść chipsy z masła orzechowego, syrop kukurydziany, pozostałe masło i wanilię.

d) Wymieszaj orzechy i płatki. Rozprowadź mieszankę masła orzechowego na warstwie pianek marshmallow. Schłodź, aż stwardnieje; pokrój w kwadraty. Wystarczy na 2-1/2 tuzina.

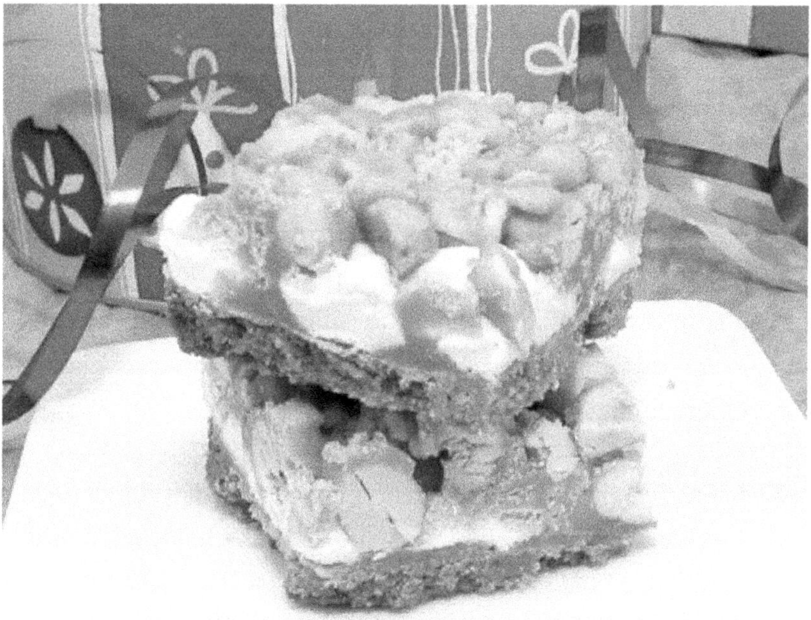

40. Batony wiśniowe Black Forest

- 3 puszki (po 21 uncji) nadzienia do ciasta wiśniowego, podzielone
- 18-1/2 oz. opak. mieszanki do ciasta czekoladowego
- 1/4 szklanki oleju
- 3 jajka, ubite
- 1/4 szklanki brandy o smaku wiśniowym lub soku wiśniowego
- 6-uncjowe opakowanie półsłodkich kawałków czekolady
- Opcjonalnie: bita śmietana

f) Schłodź 2 puszki nadzienia do ciasta, aż będą schłodzone. Używając miksera elektrycznego na niskich obrotach, ubij razem pozostałą puszkę nadzienia do ciasta, suchą mieszankę do ciasta, olej, jajka i brandy lub sok wiśniowy, aż do dokładnego wymieszania.
g) Dodaj kawałki czekolady i wymieszaj.
h) Wlać ciasto do lekko natłuszczonej formy do pieczenia o wymiarach 13"x9". Piec w temperaturze 350 stopni przez 25 do 30 minut, aż wykałaczka będzie czysta; schłodzić. Przed podaniem równomiernie rozprowadzić schłodzone nadzienie do ciasta.
i) Pokrój w paski i podawaj z bitą śmietaną, jeśli chcesz. Porcja dla 10 do 12 osób.

41. Batony popcornowe z żurawiną

- 3-uncjowe opakowanie popcornu do mikrofalówki, prażonego
- 3/4 szklanki białych kawałków czekolady
- 3/4 szklanki słodzonej suszonej żurawiny
- 1/2 szklanki słodzonych wiórków kokosowych
- 1/2 szklanki płatków migdałowych, grubo posiekanych
- 10-uncjowe opakowanie pianek

- 3 łyżki masła

j) Wyłóż blachę do pieczenia o wymiarach 13"x9" folią aluminiową; spryskaj nieprzywierającym sprayem roślinnym i odstaw. W dużej misce wymieszaj popcorn, chipsy czekoladowe, żurawinę, kokos i migdały; odstaw. W rondlu na średnim ogniu mieszaj pianki i masło, aż się rozpuszczą i będą gładkie.
k) Zalej mieszanką popcornu i wymieszaj, aby dokładnie ją pokryć; szybko przełóż do przygotowanej formy.
l) Połóż arkusz papieru woskowego na wierzchu; mocno dociśnij. Schłodź przez 30 minut lub do momentu, aż stwardnieje. Podnieś batony z patelni, używając folii jako uchwytów; zdejmij folię i papier woskowy. Pokrój na batony; schłódź kolejne 30 minut. Wystarczy na 16 sztuk.

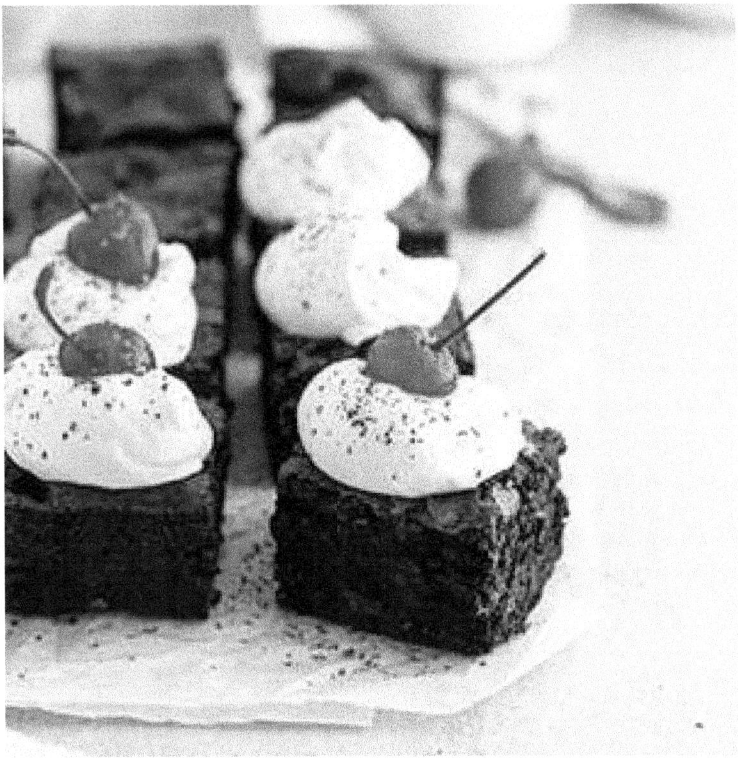

42. Cześć Dolly Bars

- 1/2 szklanki margaryny
- 1 szklanka pokruszonych ciasteczek graham
- 1 szklanka słodzonych wiórków kokosowych
- 6-uncjowe opakowanie półsłodkich kawałków czekolady
- 6-uncjowe opakowanie chipsów toffi
- 14-uncjowa puszka słodzonego mleka skondensowanego
- 1 szklanka posiekanych orzechów pekan

e) Wymieszaj margarynę i okruchy graham cracker; wciśnij do lekko natłuszczonej formy do pieczenia 9"x9". Warstwa z kokosem, kawałkami czekolady i kawałkami toffi.

f) Polać mlekiem skondensowanym; posypać orzechami pekan. Piec w temperaturze 350 stopni przez 25 do 30 minut. Ostudzić; pokroić na batony. Wystarczy na 12 do 16 sztuk.

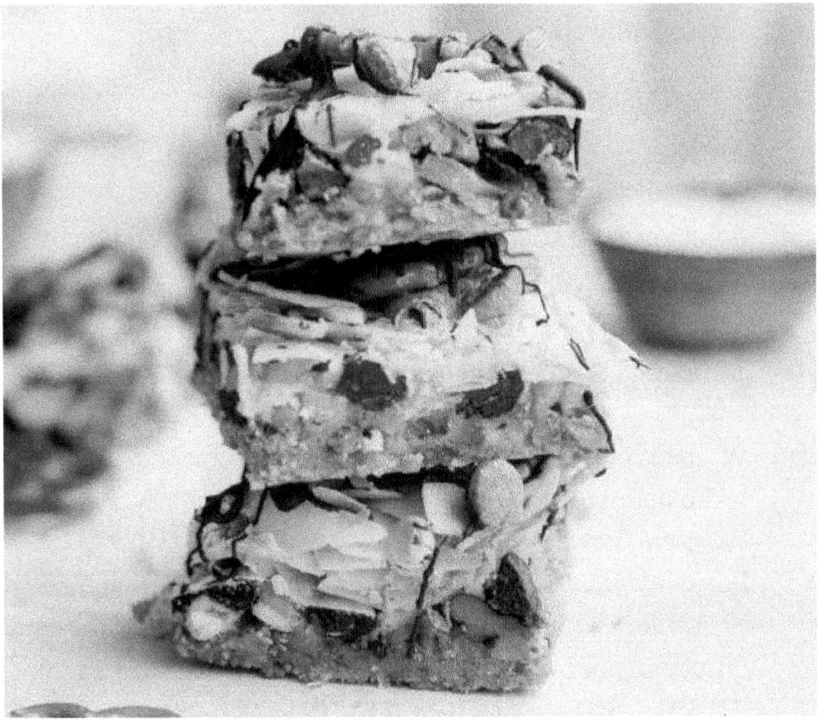

43. Batony z kremem irlandzkim

- 1/2 szklanki masła, zmiękczonego
- 3/4 szklanki plus 1 łyżka mąki uniwersalnej, podzielonej
- 1/4 szklanki cukru pudru
- 2 łyżki kakao do pieczenia
- 3/4 szklanki śmietany
- 1/2 szklanki cukru
- 1/3 szklanki likieru Irish cream
- 1 jajko, ubite
- 1 łyżeczka ekstraktu waniliowego
- 1/2 szklanki śmietanki kremówki
- Opcjonalnie: posypka czekoladowa

e) W misce wymieszaj masło, 3/4 szklanki mąki, cukier puder i kakao, aż powstanie miękkie ciasto.
f) Włóż ciasto do nieposmarowanej formy do pieczenia o wymiarach 8"x8". Piecz w temperaturze 350 stopni przez 10 minut.
g) Tymczasem w oddzielnej misce wymieszaj trzepaczką resztę mąki, śmietanę, cukier, likier, jajko i wanilię.
h) Dobrze wymieszaj; wlej na upieczoną warstwę. Włóż z powrotem do piekarnika i piecz przez kolejne 15 do 20 minut, aż nadzienie będzie gotowe.
i) Lekko ostudzić; schłodzić co najmniej 2 godziny przed pokrojeniem na batony. W małej misce, mikserem elektrycznym na wysokich obrotach, ubić śmietanę kremówkę, aż utworzą się sztywne szczyty.
j) Podawaj batony z bitą śmietaną i posypką, jeśli chcesz.
k) Przechowywać w lodówce. Wychodzi 2 tuziny.

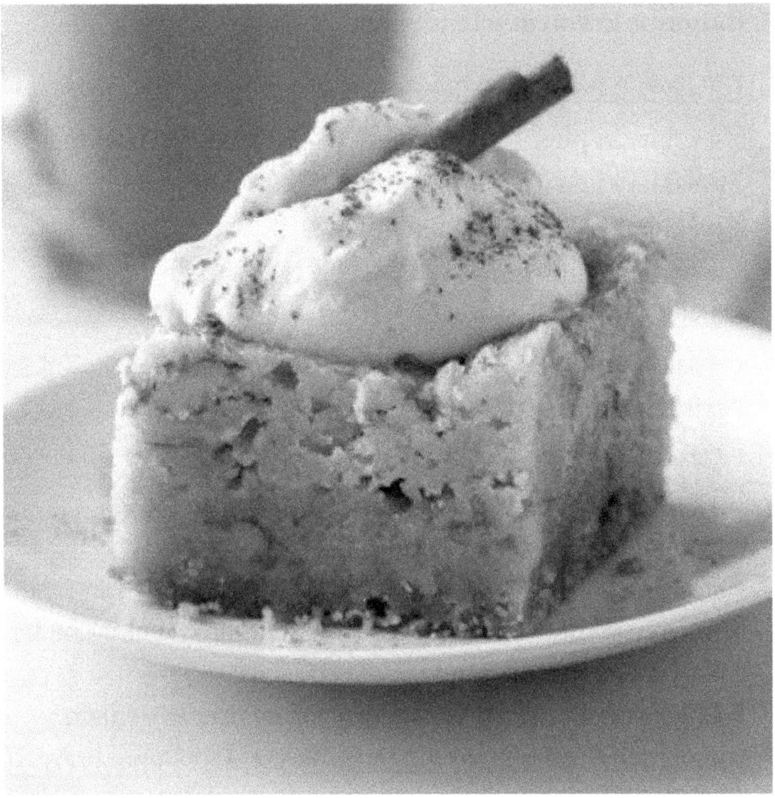

44. Batony bananowe

- 1/2 szklanki masła, zmiękczonego
- 1 szklanka cukru
- 1 jajko
- 1 łyżeczka ekstraktu waniliowego
- 1-1/2 szklanki rozgniecionych bananów
- 1-1/2 szklanki mąki uniwersalnej
- 1 łyżeczka proszku do pieczenia
- 1 łyżeczka sody oczyszczonej
- 1/2 łyżeczki soli
- 1/4 szklanki kakao do pieczenia

e) W misce ubij masło i cukier; dodaj jajko i wanilię. Dobrze wymieszaj; wmieszaj banany. Odstaw. W osobnej misce wymieszaj mąkę, proszek do pieczenia, sodę oczyszczoną i sól; wymieszaj z masłem. Podziel ciasto na pół; do jednej połowy dodaj kakao.

f) Wlać zwykłe ciasto do natłuszczonej formy do pieczenia o wymiarach 13"x9"; nałożyć łyżką ciasto czekoladowe na wierzch. Zakręcić nożem stołowym; piec w temperaturze 350 stopni przez 25 minut.

g) Ostudzone; pokrojone w paski. Wychodzi 2-1/2 do 3 tuzinów.

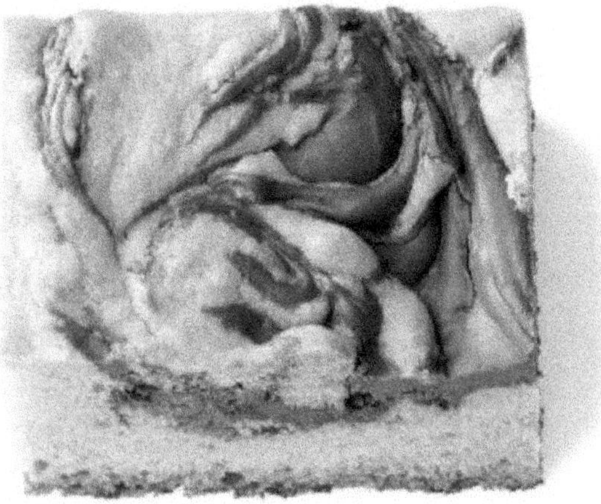

45. Batony sernikowe z dyni

- Opakowanie 16 uncji mieszanki do ciasta funtowego
- 3 jajka, podzielone
- 2 łyżki margaryny rozpuszczonej i lekko schłodzonej
- 4 łyżeczki przyprawy do ciasta dyniowego, podzielone
- 8-uncjowe opakowanie serka śmietankowego, zmiękczonego
- 14-uncjowa puszka słodzonego mleka skondensowanego
- 15-uncjowa puszka dyni
- 1/2 łyżeczki soli

e) W dużej misce wymieszaj suchą mieszankę do ciasta, jedno jajko, margarynę i 2 łyżeczki przyprawy do ciasta dyniowego; mieszaj, aż powstanie kruszonka. Wciśnij ciasto do natłuszczonej formy do rolady o wymiarach 15"x10". W osobnej misce ubij serek śmietankowy, aż będzie puszysty.

f) Wbić mleko skondensowane, dynię, sól i pozostałe jajka oraz przyprawy. Dobrze wymieszać; rozsmarować na spodzie. Piec w temperaturze 350 stopni przez 30 do 40 minut. Ostudzić; schłodzić przed pokrojeniem na batony. Wychodzi 2 tuziny.

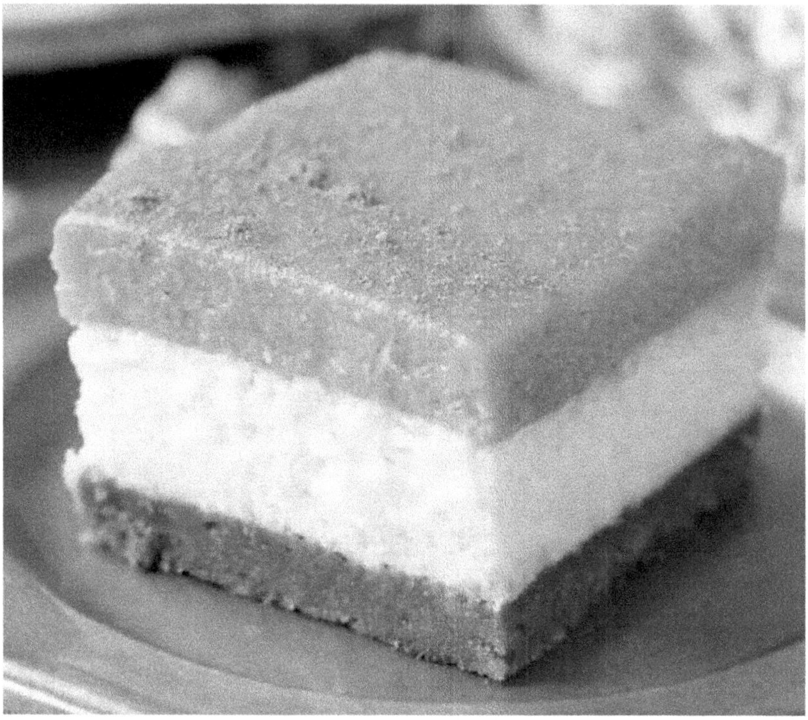

46. Batony Granola

Składniki:
- Pestki dyni, ½ szklanki
- Miód, ¼ szklanki
- Nasiona konopi 2 łyżki
- Mąka kokosowa, ½ szklanki
- Cynamon, 2 łyżeczki
- Proszek z karczochów, 1 łyżka
- Proszek proteinowy waniliowy, ¼ szklanki
- Masło kokosowe, 2 łyżki
- Jagody goji, 1/3 szklanki
- Pistacje, ½ szklanki, posiekane
- Sól, szczypta
- Olej kokosowy, 1/3 szklanki
- Mleko konopne, 1/3 szklanki
- Laskę wanilii, 1
- Nasiona chia, 2 łyżki Wiórki kokosowe, 1/3 szklanki

Metoda:
k) Wymieszaj wszystkie składniki i równomiernie rozłóż je w naczyniu do terriny.
l) Odstawić do lodówki na godzinę.
m) Gdy ciasto stężeje i stężeje, pokrój je na batony o wybranej długości i zajadaj.

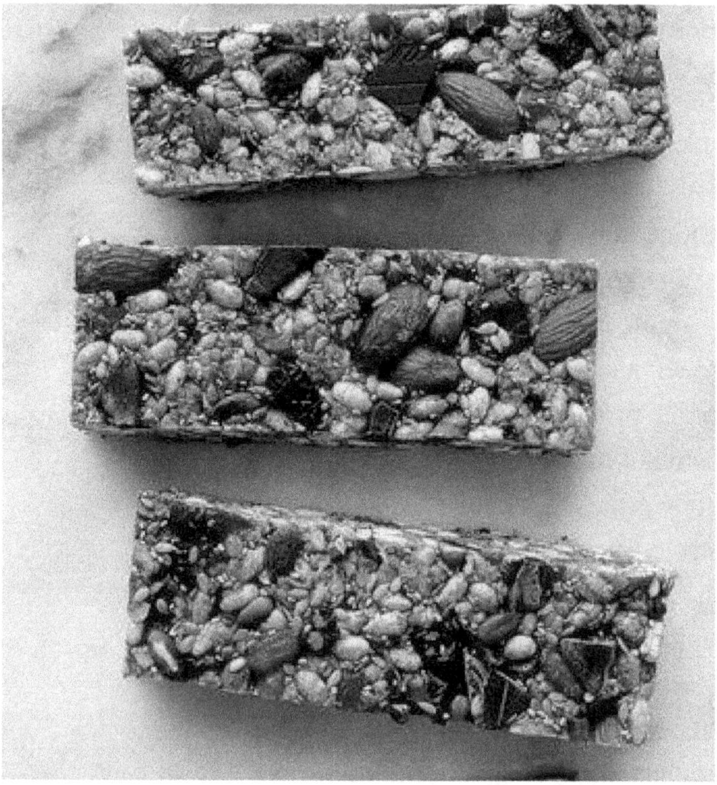

47. Owsianka dyniowa AnytimeSquares

Składniki:
- Jajko lniane, 1 (1 łyżka zmielonego lnu wymieszana z 3 łyżkami wody)
- Płatki owsiane bezglutenowe, ¾ szklanki
- Cynamon, 1 ½ łyżeczki
- Orzechy pekan, ½ szklanki, przekrojone na pół
- Imbir mielony, ½ łyżeczki
- Cukier kokosowy, ¾ szklanki
- Proszek z maranty, 1 łyżka
- Gałka muszkatołowa mielona, 1/8 łyżeczki
- Czysty ekstrakt waniliowy, 1 łyżeczka
- Różowa himalajska sól morska, ½ łyżeczki
- Niesłodzone puree z dyni w puszce, ½ szklanki
- Mąka migdałowa, ¾ szklanki
- Mąka owsiana, ¾ szklanki
- Mini czekoladowe chipsy bezmleczne, 2 łyżki
- Soda oczyszczona, ½ łyżeczki

Metoda:
e) Rozgrzej piekarnik do 350 F.
f) Wyłóż kwadratową blachę papierem woskowym i odstaw.
g) Wymieszaj jajko lniane w kubku i odstaw na 5 minut.
h) Ubij puree z cukrem i dodaj lniane jajko i wanilię. Ubij ponownie, aby połączyć.
i) Teraz dodaj sodę oczyszczoną, a następnie cynamon, gałkę muszkatołową, imbir i sól. Dobrze ubij.
j) Na koniec dodaj mąkę, płatki owsiane, mąkę z maranty, orzechy pekan i mąkę migdałową i ubijaj, aż składniki dokładnie się połączą.
k) Przełóż ciasto do przygotowanej formy i posyp kawałkami czekolady.

l) Piec przez 15–19 minut.
m) Pozostaw do całkowitego ostygnięcia przed wyjęciem z patelni i pokrojeniem.

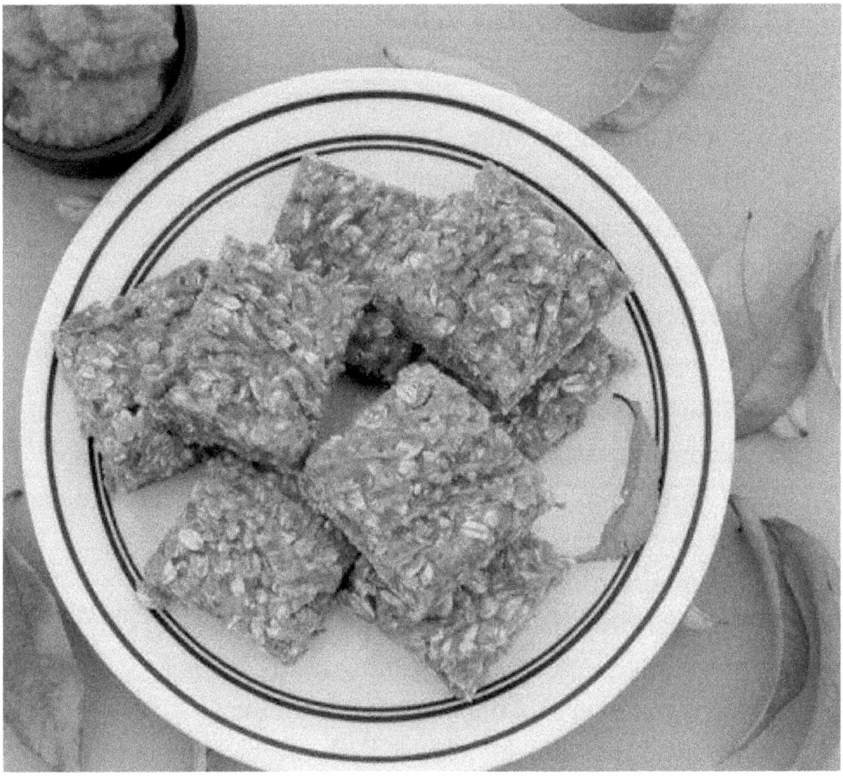

48. Batony dyniowe Red Velvet

Składniki:

- Buraki małe gotowane, 2 szt.
- Mąka kokosowa, ¼ szklanki
- Masło z pestek dyni ekologicznej, 1 łyżka
- Mleko kokosowe, ¼ szklanki
- Serwatka waniliowa, ½ szklanki
- 85% gorzkiej czekolady, roztopionej

Metoda:

g) Wymieszaj wszystkie suche składniki oprócz czekolady.
h) Wymieszaj mleko z suchymi składnikami tak, aby dobrze się połączyły.
i) Uformuj średniej wielkości batony.
j) Rozpuść czekoladę w mikrofalówce i pozwól jej ostygnąć przez kilka sekund. Teraz zanurz każdy batonik w rozpuszczonej czekoladzie i dobrze obtocz.
k) Wstawić do lodówki, aż czekolada stężeje i stwardnieje.
l) Cieszyć się.

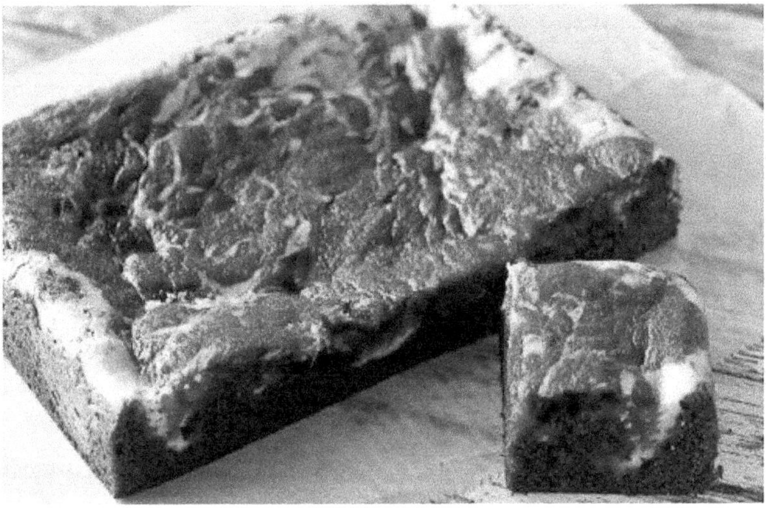

49. Batony śnieżno-cytrynowe

- 3 jajka, podzielone
- 1/3 szklanki masła, roztopionego i lekko ostudzonego
- 1 łyżka skórki cytrynowej
- 3 łyżki soku z cytryny
- 18-1/2 oz. opak. białej mieszanki do ciasta
- 1 szklanka posiekanych migdałów
- 8-uncjowe opakowanie serka śmietankowego, zmiękczonego
- 3 szklanki cukru pudru
- Dekoracja: dodatkowy cukier puder

h) W dużej misce wymieszaj jedno jajko, masło, skórkę z cytryny i sok z cytryny. Wymieszaj z suchą mieszanką do ciasta i migdałami, dobrze mieszając. Wciśnij ciasto do natłuszczonej formy do pieczenia o wymiarach 13"x9". Piecz w temperaturze 350 stopni przez 15 minut lub do uzyskania złotego koloru. W międzyczasie w osobnej misce ubij serek śmietankowy, aż będzie lekki i puszysty; stopniowo dodawaj cukier puder. Dodaj pozostałe jajka, jedno po drugim, dobrze mieszając po każdym.

i) Wyjmij patelnię z piekarnika; rozprowadź mieszankę serka śmietankowego na gorącym spodzie. Piecz przez kolejne 15 do 20 minut, aż środek będzie gotowy; ostudź. Posyp cukrem pudrem przed pokrojeniem na batony. Wychodzi 2 tuziny.

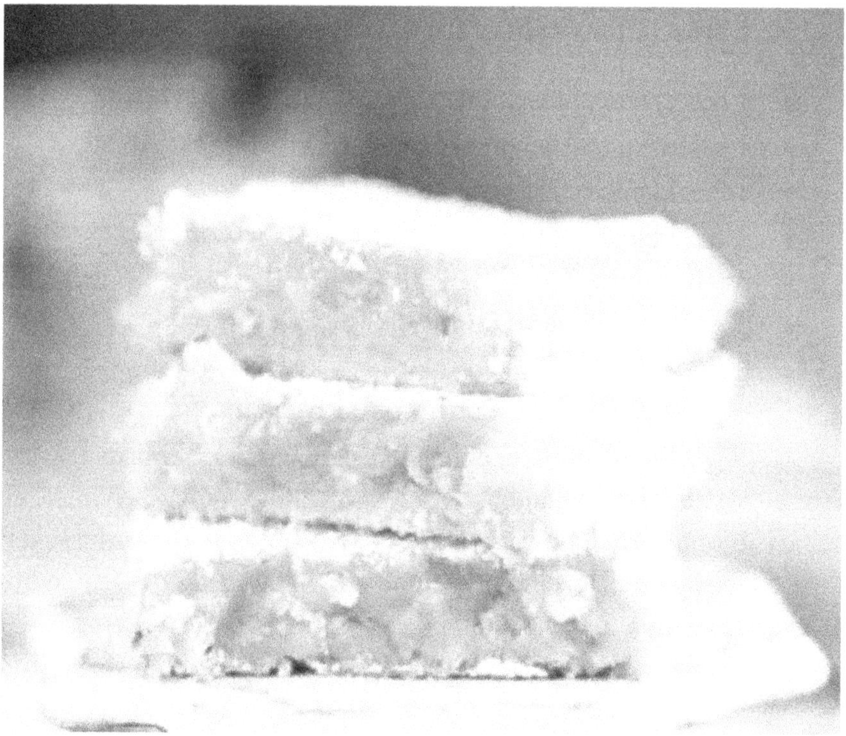

50. Łatwe batony toffi

- 12-uncjowe opakowanie chipsów toffi, roztopionych
- 1 szklanka masła, zmiękczonego
- 1/2 szklanki brązowego cukru, ubitego
- 1/2 szklanki cukru
- 3 jajka, ubite
- 1-1/2 łyżeczki ekstraktu waniliowego
- 2 szklanki mąki uniwersalnej

f) W misce wymieszaj chipsy maślane i masło; dobrze wymieszaj. Dodaj cukier, jajka i wanilię; dobrze wymieszaj.
g) Stopniowo dodawaj mąkę. Wlej ciasto do lekko natłuszczonej formy do pieczenia o wymiarach 13"x9". Piecz w temperaturze 350 stopni przez 40 minut.
h) Ostudzić i pokroić w kwadraty. Wychodzi 2 tuziny.

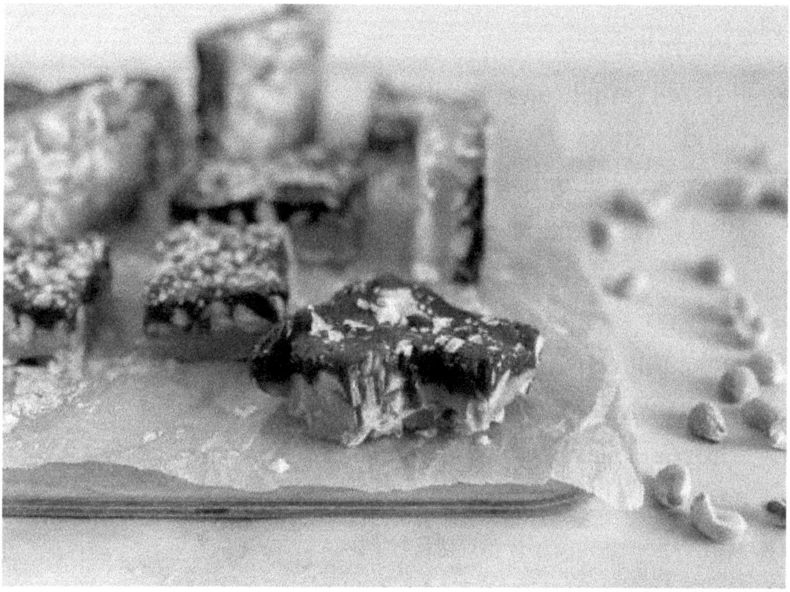

51. Batonik wiśniowo-migdałowy

Składniki:
- Proszek proteinowy waniliowy, 5 miarek
- Miód, 1 łyżka
- Trzepaczki do jajek, ½ szklanki
- Woda, ¼ szklanki
- Migdały, ¼ szklanki, pokrojone w plasterki
- Ekstrakt waniliowy, 1 łyżeczka
- Mąka migdałowa, ½ szklanki
- Masło migdałowe, 2 łyżki
- Mrożone ciemne słodkie wiśnie, 1 ½ szklanki

Metoda:
a) Rozgrzej piekarnik do 350 F.
b) Pokrój wiśnie w kostkę i rozmroź je.
c) Połącz wszystkie składniki, łącznie z rozmrożonymi wiśniami, i dobrze wymieszaj.
d) Przełóż mieszankę do natłuszczonej formy do pieczenia i piecz przez 12 minut.
e) Pozostawić do całkowitego ostygnięcia przed wyjęciem z patelni i pokrojeniem na batony.

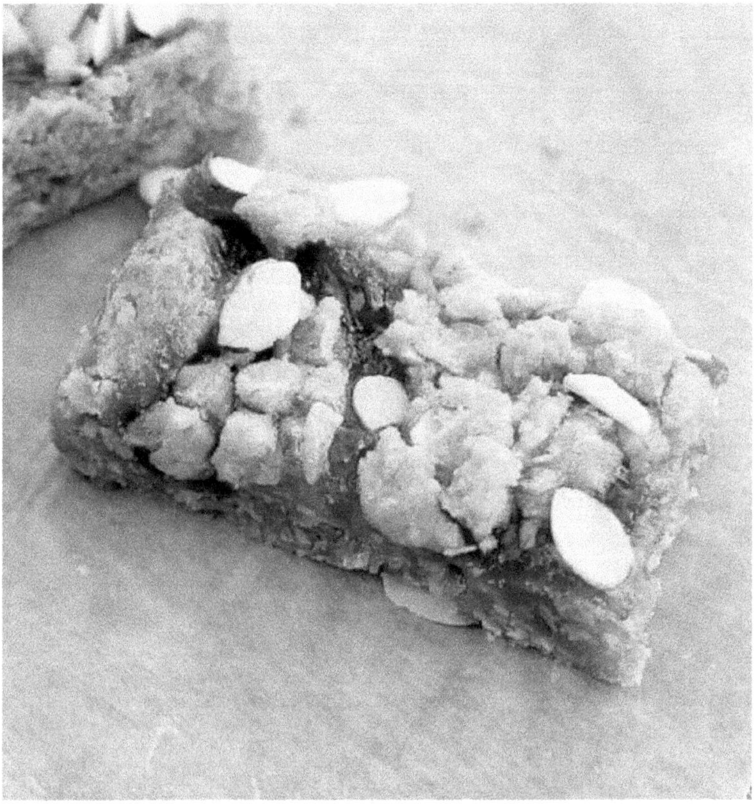

52. Batony Caramel Crunch

Składniki:
- 1½ szklanki płatków owsianych
- 1½ szklanki mąki
- ¾ szklanki brązowego cukru
- ½ łyżeczki sody oczyszczonej
- ¼ łyżeczki soli
- ¼ szklanki roztopionego masła
- ¼ szklanki roztopionego masła

Dodatki
- ½ szklanki brązowego cukru
- ½ szklanki cukru granulowanego
- ½ szklanki masła
- ¼ szklanki mąki
- 1 szklanka posiekanych orzechów
- 1 szklanka posiekanej czekolady

Wskazówki:
14. Rozgrzej piekarnik do 350 F. Wsyp płatki owsiane, mąkę, sól, cukier i sodę oczyszczoną do miski, a następnie dobrze wymieszaj. Dodaj masło i zwykłe masło i mieszaj, aż powstaną okruszki.
15. Odłóż co najmniej filiżankę tych okruchów do późniejszej dekoracji.
16. Teraz przygotuj patelnię, smarując ją sprayem, a następnie wyłóż mieszankę owsianą na jej dno.
17. Włóż do piekarnika i piecz przez chwilę, a następnie wyjmij, gdy będzie już dość brązowy, i odstaw do ostygnięcia. Następnie zrób karmel.
18. Zrób to, mieszając masło i cukier w rondlu z grubym dnem, aby zapobiec szybkiemu przypaleniu. Następnie pozwól mu się zagotować po dodaniu mąki. Wróć do bazy owsianej, dodaj wymieszane orzechy i czekoladę, a następnie karmel, który właśnie zrobiłeś, a na koniec posyp wszystko dodatkowymi okruchami, które odłożyłeś.

19. Włóż ciasto ponownie do piekarnika i piecz, aż batoniki nabiorą złotego koloru, co powinno zająć około 20 minut.
20. Po upieczeniu odczekaj, aż ciasto ostygnie, zanim pokroisz je na kawałki dowolnej wielkości.

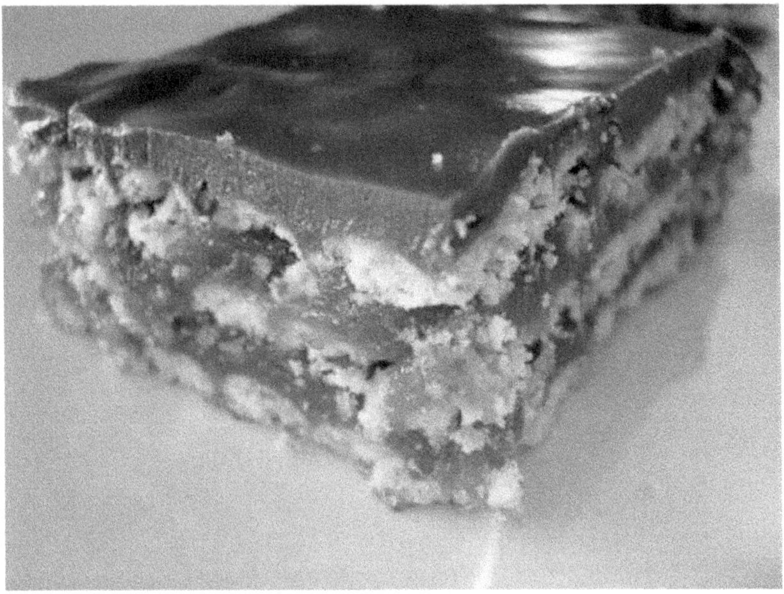

53. Batony popcornu gotowane dwa razy

Składniki:

- 8 łyżek masła konopnego
- 6 szklanek pianek lub mini pianek
- 5 łyżek masła orzechowego
- 8 CURS popped caramel sorn lub popcorn
- 1 szklanka posiekanych orzeszków ziemnych
- 1 szklanka mini chipsów czekoladowych

Do posypania:

- ½ filiżanki mini pianek
- ½ szklanki mini chipsów chocolate

Wskazówki

4. Rozgrzej piekarnik do temperatury 350 stopni Fahrenheita.
5. Przykryj dno kwadratowej formy o boku 9 cali papierem pergaminowym.
6. Rozpuść masło w dużym rondlu. Dodaj pianki i mieszaj, aż się całkowicie rozpuszczą. Dodaj masło orzechowe.
7. Dodaj popcorn i mieszaj, aż będzie równomiernie wymieszany. Rozłóż połowę mieszanki na przygotowanej patelni. Wilgotnymi, czystymi rękami dociśnij popcorn i spróbuj uzyskać równomierną grubość.
8. Posyp orzeszkami ziemnymi i kawałkami czekolady.
9. Resztę mieszanki popcornowej rozłóż na orzeszkach ziemnych i czekoladzie.
10. Posyp resztą pianek i kawałkami czekolady, wstaw do piekarnika na 5–7 minut.
11. Pozostawić do ostygnięcia, a następnie schłodzić w lodówce przed pokrojeniem.

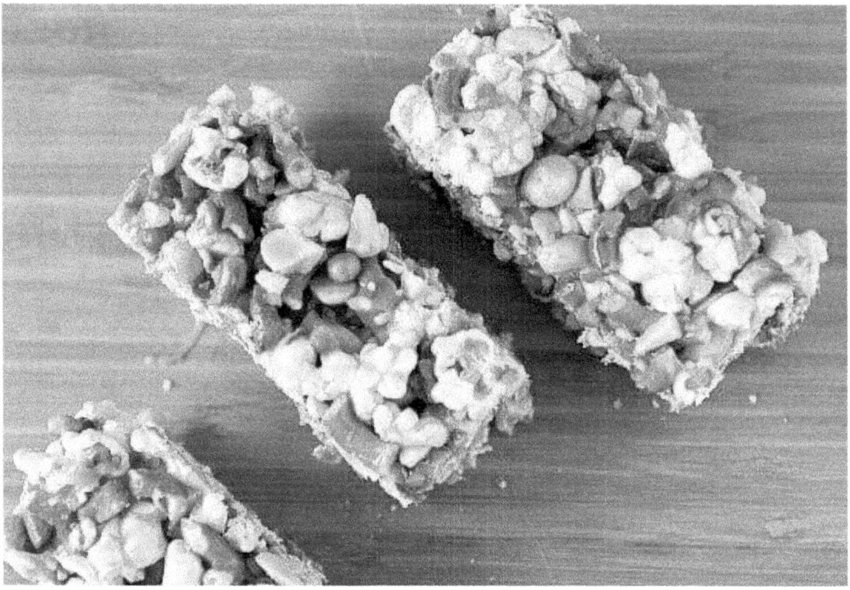

54. Batony z ciasteczkami bez pieczenia
Składniki:

- 1/2 szklanki roztopionego masła
- 1 ½ filiżanki okruszków Graham Cracker
- Pół funta cukru pudru (3 do 3 1/2 szklanki)
- 1 ½ szklanki masła orzechowego
- 1/2 szklanki roztopionego masła
- 1 (12 uncji) torebka mlecznych chipsów

Wskazówki:
6. Wymieszaj pokruszone ciasteczka Graham, cukier i masło orzechowe.
7. Dodaj rozpuszczone masło konopne i mieszaj, aż składniki się połączą.
8. Równomiernie włóż mieszankę do formy o wymiarach 9 x 13 cali.
9. Rozpuść kawałki czekolady w kuchence mikrofalowej lub w kąpieli wodnej.
10. Rozprowadź na mieszance masła orzechowego.
11. Schłodź, aż stężeje, i pokrój na batony. (Będzie je bardzo trudno pokroić, jeśli czekolada stanie się „bardzo twarda ").

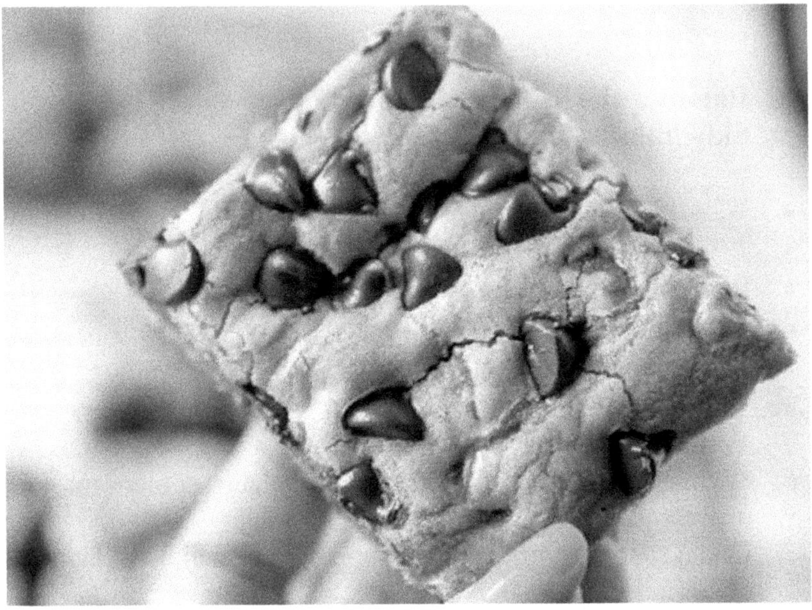

55. Batony Migdałowo-Cytrynowe

Wydajność: 32 batoniki cytrynowe

Składniki:

- 1/4 szklanki cukru granulowanego
- 3/4 szklanki masła z dodatkiem konopi (rozmiękczonego)
- 1 łyżeczka skórki cytrynowej
- 2 szklanki mąki uniwersalnej
- 1/4 łyżeczki soli stołowej

Do ciasta cytrynowego:

- 6 dużych jajek
- 2 szklanki cukru
- 1/4 szklanki posiekanego, kandyzowanego imbiru
- 1/2 szklanki mąki uniwersalnej
- 1 łyżeczka proszku do pieczenia
- 2 łyżki skórki cytrynowej
- 2/3 szklanki świeżego soku z cytryny

Do mieszanki migdałowej:

- 3/4 szklanki mąki
- 1/2 szklanki cukru
- 1/4 łyżeczki soli
- 1/4 szklanki masła (roztopionego)
- 1/2 szklanki pokrojonych migdałów
- Opcjonalne dodatki: posypka z cukru pudru, bita śmietana, itp.

Wskazówki:

Do spodu cytrynowego:

6. Rozgrzej piekarnik do temperatury 350 stopni Fahrenheita.
7. Używając miksera ręcznego lub stacjonarnego, ubijaj 1/4 szklanki cukru, 3/4 szklanki miękkiego masła i 1 łyżeczkę

skórki z cytryny na średniej prędkości przez 2 minuty lub do momentu, aż mieszanka będzie kremowa.
8. W osobnej dużej misce wymieszaj 2 szklanki mąki i 1/4 łyżeczki soli. Stopniowo dodawaj suche składniki (mąkę i sól) do utartego masła, cukru i jajek. Dobrze wymieszaj, aż wszystko będzie dokładnie wymieszane.
9. Po wymieszaniu ciasta przygotuj naczynie do pieczenia o wymiarach 9x13 cali z odrobiną nieprzywierającego sprayu do pieczenia. Umieść puste, natłuszczone naczynie w lodówce, aby schłodziło się przez co najmniej 15 minut przed pieczeniem.
10. Wyjmij naczynie z lodówki i włóż ciasto do formy, aż utworzy się jednolita warstwa. (Nie przegap narożników!)
11. Piecz spód ciasta przez 15–20 minut w nagrzanym piekarniku lub do momentu, aż lekko się zrumieni.
12. Wyjmij ciasto z piekarnika i zmniejsz temperaturę piekarnika do 325 stopni Fahrenheita.
13. Odstaw ciasto na bok.

Ciasto cytrynowe na batonik:

9. Ubij razem 6 jajek i 2 szklanki cukru.
10. W malakserze lub blenderze wsyp 1/2 szklanki mąki i 1/4 szklanki kandyzowanego imbiru. Miksuj oba składniki razem, aż do całkowitego połączenia. Następnie wsyp mąkę i mieszankę imbiru do średniej wielkości miski.
11. Wymieszaj 1 łyżeczkę proszku do pieczenia z mąką i imbirem.
12. Powoli dodawaj mieszankę mąki i imbiru do miski z jajkami i cukrem.
13. Dodaj sok z cytryny i 2 łyżki skórki cytrynowej, ubijaj, aż masa będzie gładka i jednolita.
14. Wlej ciasto cytrynowe na schłodzony spód, potrząsając naczyniem, aby umożliwić ucieczkę pęcherzykom powietrza.
15. Piecz cytrynowe batoniki w nagrzanym piekarniku przez 15–20 minut lub do momentu, aż nadzienie cytrynowe lekko się zetnie.
16. Wyjmij cytrynowe batoniki z piekarnika i odłóż je na bok.

Do mieszanki pokrojonych migdałów:

4. Wymieszaj w małej misce pozostałe 3/4 szklanki mąki, 1/2 szklanki cukru i 1/4 łyżeczki soli.
5. Wlej 1/4 szklanki roztopionego masła i mieszaj, aż składniki dobrze się połączą.
6. Dodaj 1/2 szklanki posiekanych migdałów i wymieszaj jeszcze raz.
7. Posyp gorące cytrynowe batoniki mieszanką migdałów i cukru, a następnie włóż je ponownie do piekarnika na kolejne 20–25 minut lub do momentu, aż nabiorą lekko złotego koloru.
8. Wyjmij batoniki cytrynowe z piekarnika i pozwól im ostygnąć w naczyniu do pieczenia umieszczonym na kratce przez co najmniej 1 godzinę.
9. Pokrój cytrynowe batoniki na pojedyncze kawałki i podawaj od razu z odrobiną cukru pudru, jeśli sobie tego życzysz.

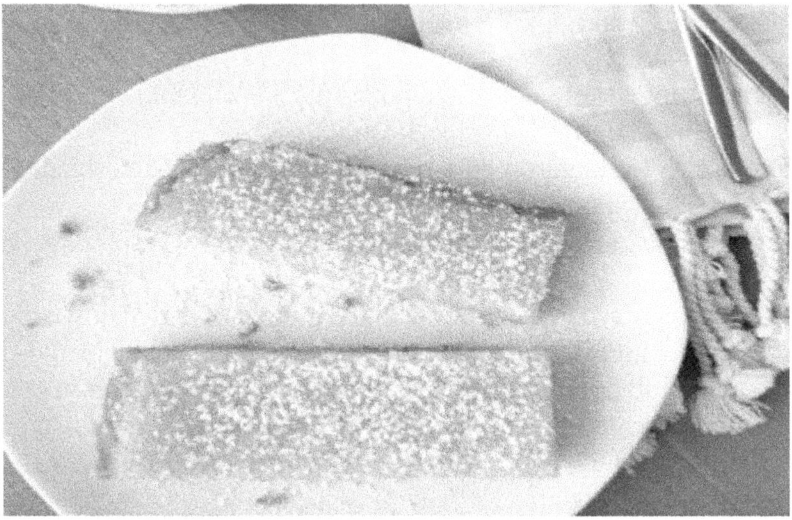

56. Tabliczka czekolady

Składniki:

- 1/4 szklanki masła
- 4 szklanki czekolady

Wskazówki:

6. Rozpuść czekoladę w czystej, suchej misce ustawionej nad garnkiem z lekko gotującą się wodą. Jeśli chcesz zahartować czekoladę, dodaj masło.
7. Gdy czekolada się rozpuści (i zahartuje, jeśli temperujesz czekoladę), zdejmij miskę z garnka i wytrzyj wilgoć z dna miski.
8. Wlej lub nałóż łyżką warstwę czekolady do foremek. Uderz nimi kilka razy o blat, aby równomiernie rozprowadzić czekoladę i uwolnić wszelkie pęcherzyki powietrza; następnie szybko posyp wierzch dowolnymi orzechami, suszonymi owocami lub innymi składnikami, które chcesz, i lekko je dociśnij.
9. Można również wymieszać składniki z czekoladą, takie jak prażone orzechy, nasiona, chrupiący ryż, płatki zbożowe, posiekane pianki lub inne składniki, a następnie wlać mieszankę do foremek.)
10. Natychmiast włóż batony do lodówki, aż stwardnieją. Jeśli użyjesz czekolady temperowanej, nie powinno to zająć więcej niż pięć minut, aby stwardniały. W przeciwnym razie czekolada będzie potrzebowała więcej czasu.

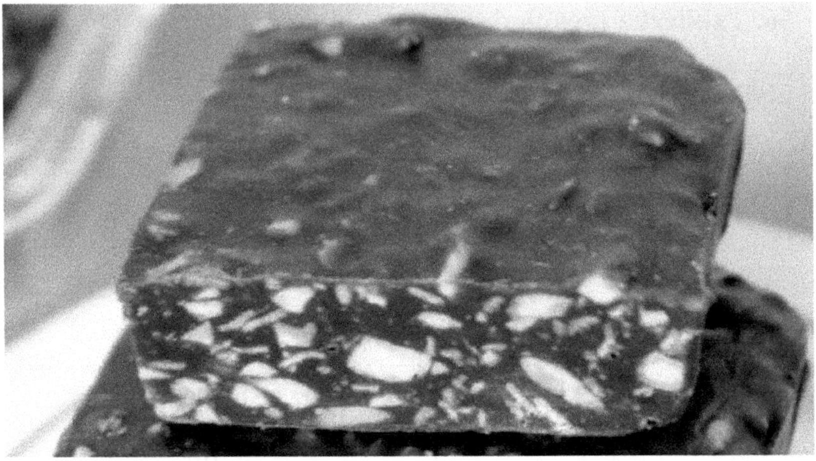

57. Batony owsiane

Czas przygotowania: 15 minut
Czas gotowania: 25-30 minut
Porcje: 14-16
Składniki:
- 1¼ szklanki płatków owsianych tradycyjnych
- 1¼ szklanki mąki uniwersalnej
- ½ szklanki drobno posiekanych prażonych orzechów włoskich (patrz uwaga)
- ½ szklanki cukru
- ½ łyżeczki sody oczyszczonej
- ¼ łyżeczki soli
- 1 szklanka roztopionego masła
- 2 łyżeczki wanilii
- 1 szklanka dobrej jakości dżemu
- 4 całe herbatniki graham (8 kostek), pokruszone
- Bita śmietana do podania (opcjonalnie)

Wskazówki:
4. Rozgrzej piekarnik do 350°F. Nasmaruj tłuszczem 9-calową kwadratową formę do pieczenia. W misce umieść i wymieszaj płatki owsiane, mąkę, orzechy włoskie, cukier, sodę oczyszczoną i sól. W małej misce wymieszaj masło i wanilię. Dodaj mieszankę masła do mieszanki owsianej i mieszaj, aż powstanie kruszonka.
5. Odłóż 1 szklankę na wierzch i wciśnij pozostałą mieszankę owsianą na dno formy do pieczenia. Rozłóż dżem równomiernie na wierzchu. Dodaj pokruszone krakersy do odłożonej mieszanki owsianej i posyp dżemem. Piecz przez około 25 do 30 minut lub do momentu, aż brzegi się zrumienią. Całkowicie ostudź w formie na kratce.
6. Pokrój na 16 kwadratów. Podawaj, dodając łyżkę bitej śmietany, jeśli chcesz.
7. Przechowywanie go w szklanym pojemniku w lodówce pomoże zachować jego świeżość.

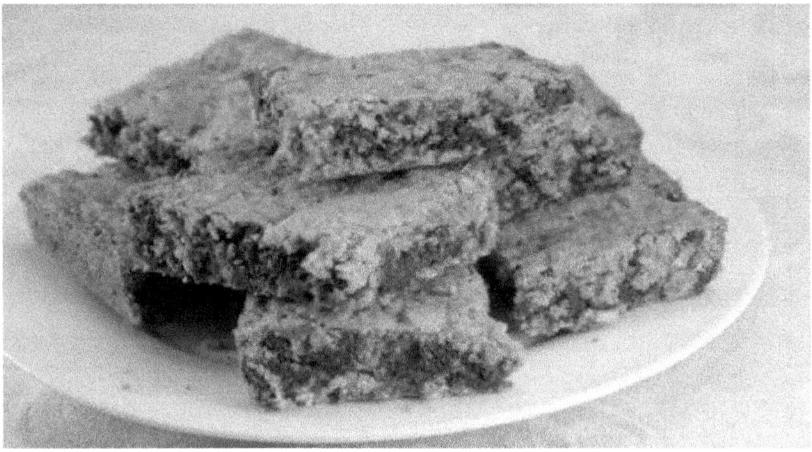

58. Batony z orzechami pekan

Składniki:
- Spray zapobiegający przywieraniu do pieczenia
- 2 filiżanki plus
- 2 łyżki mąki uniwersalnej, podzielone
- ½ szklanki cukru granulowanego
- 2 łyżki stołowe plus
- 2 łyżeczki masła
- 3½ łyżeczki niesolonego masła, pokrojonego na kawałki
- ¾ łyżeczki plus szczypta soli koszernej, podzielona
- ¾ szklanki ciemnego brązowego cukru
- 4 duże jajka
- 2 łyżeczki ekstraktu waniliowego
- 1 szklanka jasnego syropu kukurydzianego
- 2 szklanki posiekanych orzechów pekan
- Orzechy pekan pokrojone na pół

Wskazówki:

11. Rozgrzej piekarnik do 340°F. Nasmaruj patelnię sprayem zapobiegającym przywieraniu i wyłóż ją papierem pergaminowym z wystającym brzegiem z dwóch stron, aby można było łatwo wyjąć batoniki z patelni.
12. Używając blendera lub robota kuchennego, zmiksuj mąkę, cukier, rodzaje masła i ¾ łyżeczki soli, aż się połączą. Mieszanka utworzy grudki.
13. Przenieś ciasto do przygotowanej formy. Mocno i równomiernie dociśnij je do dna formy. Nakłuj ciasto widelcem i piecz, aż będzie lekko lub średnio złocistobrązowe, 30 do 35 minut.
14. Używając tej samej miski robota kuchennego, połącz brązowy cukier, pozostałe 2 łyżki mąki, szczyptę soli, jajka, wanilię i

syrop kukurydziany. (Dodaj syrop kukurydziany na końcu, aby nie przywarł do dna robota kuchennego.)
15. Miksuj, aż składniki się połączą. Przełóż mieszankę do dużej miski
i dodaj orzechy pekan.
16. Rozłóż równomiernie mieszankę pekanową na upieczony spód. Połóż kilka dodatkowych połówek pekanów na wierzchu nadzienia jako dekorację.
17. Włóż patelnię z powrotem do piekarnika i piecz, aż środek będzie gotowy przez 35 do 40 minut. Jeśli wnętrze nadal się rusza, przygotuj się na jeszcze kilka minut; jeśli zauważysz, że batoniki zaczynają puchnąć w środku, wyjmij je natychmiast. Umieść je na kratce i pozostaw do ostygnięcia przed pokrojeniem na 16 (2-calowych) kwadratów i wyjęciem batoników.
18. Przechowywanie: Przechowuj batony w szczelnym pojemniku w temperaturze pokojowej przez 3 do 5 dni lub zamroź na okres do 6 miesięcy. Mogą być bardzo lepkie, więc owiń je pergaminem lub papierem woskowym.

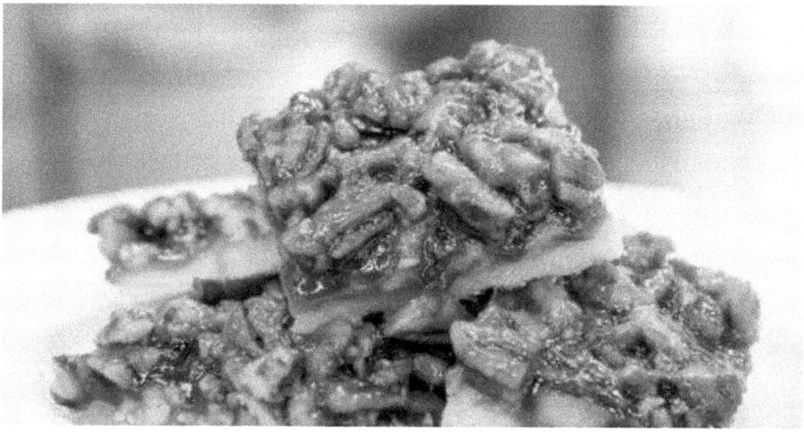

WNIOSEK

Najlepsze batony deserowe zazwyczaj składają się z wielu warstw smakowych i występują w wielu wariantach. Możliwości są nieograniczone – zobacz, co wymyślisz!

Batony deserowe są również naprawdę miłym prezentem świątecznym lub prezentem na inne specjalne okazje dla przyjaciół i rodziny. Kto nie chciałby otrzymać pięknie udekorowanego opakowania wypełnionego domowymi batonikami deserowymi? To może być jeden z najlepszych prezentów! Mają dość długi okres przydatności do spożycia i można je upiec kilka dni wcześniej. Można je również przechowywać w zamrażarce, jeśli są szczelnie owinięte folią spożywczą.

Dzięki tej książce kucharskiej z pewnością sprawisz, że Twoi goście zechcą wrócić po kolejną porcję!